CAL ou TINTA
Qual profissional você quer ser?

Cal ou Tinta
Qual profissional você quer ser?

Anderson Tonnera

ALTA BOOKS
EDITORA
Rio de Janeiro, 2014

Cal ou Tinta — Qual Profissional Você Quer Ser? Copyright © 2014 da Starlin Alta Editora e Consultoria Eireli. ISBN: 978-85-7608-816-5

Todos os direitos reservados e protegidos por Lei. Nenhuma parte deste livro, sem autorização prévia por escrito da editora, poderá ser reproduzida ou transmitida.

A editora não se responsabiliza pelo conteúdo do texto formulado exclusivamente pelo autor.

Erratas: No site da editora relatamos, com a devida correção, qualquer erro encontrado em nossos livros. Procure pelo título do livro.

Marcas Registradas: Todos os termos mencionados e reconhecidos como Marca Registrada e/ou Comercial são de responsabilidade de seus proprietários. A Editora informa não estar associada a nenhum produto e/ou fornecedor apresentado no livro.

Impresso no Brasil — Edição Revisada e Atualizada, 2014

Vedada, nos termos da lei, a reprodução total ou parcial deste livro.

Produção Editorial Editora Alta Books **Gerência Editorial** Anderson Vieira	**Editoria Nacional** Cristiane Santos Daniel Siqueira Livia Brazil	**Supervisão Gráfica** Angel Cabeza **Supervisão de Qualidade Editorial** Sergio Luiz de Souza **Supervisão de Texto** Jaciara Lima	**Conselho de Qualidade Editorial** Angel Cabeza Jaciara Lima Natália Gonçalves Sergio Luiz de Souza	**Design Editorial** Auleriano Messias Aurélio Corrêa **Marketing e Promoção** marketing@altabooks.com.br
Equipe Editorial	Claudia Braga Daniel Siqueira	Evellyn Pacheco Marcelo Vieira	Milena Souza Thiê Alves	Vinicius Damasceno
Revisão Gramatical Gloria Melgarejo	**Diagramação** Joyce Matos	**Layout e Capa** Aurélio Corrêa		

Dados Internacionais de Catalogação na Publicação (CIP)

T964c Tonnera, Anderson.
    Cal ou tinta : qual profissional você quer ser? / Anderson Tonnera. – Rio de Janeiro, RJ : Alta Books, 2014.
    108 p. : il. ; 21 cm.

    ISBN 978-85-7608-816-5

    1. Administração. 2. Excelência. 3. Inteligência emocional. 4. Administração do tempo. 5. Sucesso. 6. Liderança. I. Título.

                                              CDU 658.310.16
                                              CDD 658.31

Índice para catálogo sistemático:
1. Administração de pessoal : Desempenho 658.310.16

(Bibliotecária responsável: Sabrina Leal Araujo – CRB 10/1507)

Rua Viúva Cláudio, 291 — Bairro Industrial do Jacaré
CEP: 20970-031 — Rio de Janeiro
Tels.: 21 3278-8069/8419 Fax: 21 3277-1253
www.altabooks.com.br — e-mail: altabooks@altabooks.com.br
www.facebook.com/altabooks — www.twitter.com/alta_books

Dedicatória

Àqueles que deram origem a minha vida e que são responsáveis por tudo que acontece nela: meus pais Gioconda Tonnera e Almir de Carvalho.

Aos meus tios Evandro e Emília, pelo suporte e confiança.

Agradecimentos

A Deus, pelo dom da vida, pelos mestres que passaram em minha vida como César Nanci e Hermes Simões.

A todos meus clientes e parceiros que dignificam e atestam meu trabalho.

"O futuro das organizações – e nações – dependerá cada vez mais da sua capacidade de aprender coletivamente."

Peter Drucker

Sumário

Introdução 1
O que É Gestão? 5
    Definição de Metas 7
    Método para Solução de Problemas 13
    Aplicação Prática dos Conceitos de Administração 18
A Pirâmide da Gestão 23
    Liderança 24
    Gestão Emocional (Relacionamento Interpessoal) 29
    Gestão do Tempo 40
    Gestão do Desenvolvimento Pessoal 54
Cal ou Tinta? 73
    Propriedades da Cal 73
    Propriedades da Tinta 77
    Comparativo Pirâmide de Gestão 81
    Aplicabilidade 93
Conclusão 94

Introdução

No cenário atual, é muito comum nos depararmos com pessoas altamente desmotivadas, sentindo-se incapazes de realizar algo relevante em suas vidas pessoais e/ou profissionais. Indivíduos que afirmam buscar constantemente a realização de seus objetivos, porém não conseguem executar como planejado. Deparamo-nos com profissionais frustrados por não atingirem o nível de "excelência" em sua área de atuação ou o equilíbrio entre as áreas.

Percebe-se que a primeira reação de qualquer indivíduo mediante a falta de êxito, independente da área, é a busca incessante por alguma causa externa, além da sempre presente "falta de sorte". Mediante o cenário previamente apresentado, será abordada neste livro a maneira de eliminar este tipo de sentimento e, sobretudo, elevar o nível de consciência para que a realidade seja vista de ângulos diversos e de forma sistêmica, a fim de aumentar a abrangência no que diz respeito ao fato analisado.

A proposta principal do livro é direcionar o leitor ao pleno entendimento e à visualização prática de que não existe "culpado" por não se alcançar a dita excelência em todas as áreas da vida, pois esta, na verdade, é alcançada pelo equilíbrio de alguns fatores que serão especificados no decorrer da escrita.

Será usada uma comparação entre a aplicabilidade da **cal** e da **tinta** para nortear a aplicação dos conceitos definidos neste livro. Estes dois elementos têm uma representatividade intensa quando se discute sobre excelência, uma vez que mostram sinergia com os pilares que serão demonstrados nas próximas páginas.

O grande diferencial na busca pela excelência é encontrar uma equação do equilíbrio entre as três dimensões da gestão que serão aqui esplanadas. É importante ressaltar que um nível elevado de realização em um dos três itens não garante que o desempenho final será acima da média. Ao contrário, em muitos casos, o grande vilão do indivíduo é a grande dispersão entre as áreas nas quais se submete, o que causa alto nível de frustração.

Antes de iniciar a dissertação sobre as três bases da gestão, é preciso conceituar exatamente o que é gestão. Atualmente, existem diversos conceitos e teorias sobre esta, fazendo com que ocorra uma mistura com a definição de administração praticada no mercado e voltada para resultados, que é a utilizada no presente discurso.

Tendo o conceito prático de gestão em mente, torna-se necessário o entendimento de alguns pontos importantes para a visualização completa do conteúdo. Não existe gestão sem definição de metas. A definição da meta é o ponto de partida para se implantar um modelo de gestão. Quando se define meta, se "cria" um problema, que vem a ser aquilo que lhe impede hoje de alcançar o alvo desejado e, para isso, será transcrito um método para tratar, priorizar e solucionar problemas de qualquer origem.

A gestão é conceito central do livro, no entanto, ela será explicada através de uma pirâmide, na qual o equilíbrio entre os itens envolvidos será o grande diferencial para alcançar performances diferenciadas e efetivas. Uma das bases da pirâmide diz respeito à gestão emocional, que atualmente tem sido responsável por grande parte do desequilíbrio que alcança os indivíduos. No decorrer dos capítulos, algumas perguntas serão realizadas, como:

- Existe equilíbrio emocional em situações de alta complexidade e tensão?
- Como tem buscado esse equilíbrio?
- Como está o seu jogo interior?
- Você tem liderado a si mesmo?
- Existe algum tipo de dificuldade de relacionamento interpessoal que inviabiliza sua atuação?
- Como está sendo controlado seu nível de estresse?

As respostas corretas às perguntas acima darão uma visão do estado atual e do alvo a ser alcançado pelo leitor.

Introdução

A outra base da pirâmide será a gestão do tempo, sem a qual se torna impossível efetivar qualquer tipo de realização relevante em âmbito pessoal ou profissional. É óbvio perceber que, atualmente, o tempo é o recurso mais escasso no cotidiano do indivíduo e, por isso, uma administração adequada é de vital importância.

Alguns métodos para melhorar a gestão do tempo serão sugeridos, tais como:

- Melhoria na formulação de e-mails
- Melhoria na formulação e condução de reuniões
- Adequação do tempo às atividades cruciais para o dia, através de algumas ferramentas
- Hierarquia de priorização entre as mesmas

Gerenciar o tempo, pode-se afirmar, é a principal gestão estratégica da própria vida do ser humano. Todos os acontecimentos, realizações e objetivos estão submetidos à limitação temporal, por isso a importância do pleno entendimento desta para alcançar resultados que conduzam à excelência.

A busca do equilíbrio entre o tempo dedicado ao trabalho e o tempo dedicado à família e questões pessoais tem sido alvo de muitas pesquisas, workshops, seminários e outras fontes de informação. Buscamos, aqui, promover uma abordagem prática a este tema, com casos aplicados e finalizados com sucesso, servindo, portanto, de modelo para uma nova atuação.

O livro propõe, ainda, a quebra de alguns paradigmas, que precisam ser rompidos para que de fato se encontre uma gestão do tempo otimizado, que produza resultados tanto a curto quanto a longo prazo, dependendo da meta estabelecida por cada indivíduo.

O ponto mais alto da pirâmide é a gestão do desenvolvimento pessoal, que deve estar alinhada com os outros itens já citados. Este ponto é de vital importância, pois deve alinhar os objetivos com a sua capacidade de realização. A análise destes dois fatores dará origem ao plano de vida, ou seja, ao conjunto de realizações que um indivíduo tem para promover e realizar a curto, médio e longo prazo.

Dois itens são essenciais para o processo de desenvolvimento: **inovação e criatividade,** a partir do momento em que criam diferenciais e promovem o indivíduo a conquistas maiores do que as realizadas anteriormente. Neste âmbito, o autodesenvolvimento é a peça chave para tal realização, tendo em vista que a busca por conhecimento e habilidades, de forma individual, é um processo fundamental para o crescimento pessoal.

Em linhas gerais, o entendimento da necessidade da gestão das emoções como ponto de partida, alinhado com o equilíbrio da gestão do tempo e da gestão do desenvolvimento, conduz o indivíduo a um aumento de performance significativa e culmina no alcance de um nível de excelência em todas as suas áreas de atuação pessoal e profissional.

O entendimento prático e comparativo entre a aplicação ou não da pirâmide da gestão é exemplificado pelo comparativo da cal e da tinta como elementos responsáveis por cobrir superfícies (pintura). Desde a sua propriedade e composição até os resultados obtidos, é possível verificar sinergia com os conceitos debatidos e explorados.

1

O que É Gestão?

Encontramos, principalmente na rede, conceitos abrangentes que não chegam a um ponto comum sobre o que é a gestão. De forma a auxiliar na busca pela excelência, será exposto neste livro um conceito de fácil aplicação da gestão e memorização de sua funcionalidade para o alcance do objetivo final. O conceito servirá como base para o entendimento das soluções propostas nos próximos capítulos.

Gestão pode ser definida simplesmente como tomada de decisão, ou seja, delimitar os pontos a serem realizados e os que não devem ser priorizados. Nessa organização, encontra-se o ponto-chave, o grande segredo.

Por muitos anos, acreditou-se que o bom profissional era aquele que realizava todas as tarefas pendentes e tudo que lhe era solicitado sem titubear. Contudo, atualmente, o profissional não dispõe de tempo para realização de tudo, sem especificidade. Um gestor que se dispõe a obter resultados necessita estar com tais aspectos totalmente alinhados, pois a principal atribuição dele é resolver problemas, através de um processo decisório embasado e fundamentado no seu conhecimento sobre o tema em questão.

No processo decisório (processo de gestão), é importantíssimo buscar realizar tarefas ou atividades que produzam o maior resultado possível com menor esforço para sua conclusão. De forma prática, ressalto a importância da utilização do Princípio de Pareto ou regra 80/20. Segundo esta regra, 20% das causas são responsáveis por 80% dos resultados observados, conforme exemplificações abaixo:

Exemplo 1: Durante análise dos custos variáveis de uma empresa, verificou-se que os valores estavam fora da realidade do mercado. Ao todo, existiam 100 itens que faziam parte dos custos variáveis e geravam 100 mil em débitos no fim do mês. Ao realizar a análise crítica, o profissional (analista financeiro) percebeu que 20 itens eram responsáveis por 80% dos débitos (80 mil). Com isso, sugeriu ao seu superior que desse foco na redução destes 20 itens, pois o resultado geraria um impacto forte na economia da organização.

RESULTADO FINAL Gestão é decisão e, neste caso, ficou demonstrada sua utilização, quando se optou por buscar economizar em itens que têm maior representatividade. Logo, gerir é decidir o que fazer, baseando-se nos resultados a serem alcançados mediante tais ações.

Exemplo 2: Uma determinada empresa deseja aumentar sua produção para gerar mais receita, com o intuito de tornar-se mais lucrativa. O gerente comercial precisa definir em que mercado atuar para promover o crescimento esperado. Após análise, percebe que as regiões do Brasil possuem diferentes percentuais de crescimento previstos. Observa também que, se der foco no Centro-Oeste (20% do total), conseguirá alcançar boa parte da ascensão desejada (aproximadamente 80%).

RESULTADO FINAL Gestão é também dar foco a determinadas ações em detrimento de outras. É importante ressaltar que esta proporção (80/20) não é exata e sua aplicação deve obedecer sempre ao bom senso do analista.

Definição de Metas

O princípio básico para que se tenha a capacidade de decisão é a existência de uma meta predefinida, em que a gestão se insere como responsável por realizar todo o processo que abrange o caminho principal necessário ao alcance do objetivo.

Cerca de 98% das pessoas não possuem suas metas definidas de forma clara e objetiva por não acreditarem na eficácia que isto pode resultar. A ausência destas compromete significativamente a capacidade de execução das atividades.

Os clichês mais conhecidos para o não estabelecimento das metas são os corriqueiros:

- Estou muito ocupado (a)
- Tenho tudo na minha cabeça
- Estou me esforçando, fazendo o melhor que posso
- É muito papel em minha mesa, não consigo organizar tempo para escrever as metas

Diante do cenário acima, pensemos em algo que todos já fizemos, por não saber ou não querer colocar em prática o estabelecimento de metas: a famosa lista de final ou começo de um novo ano. É verídico que, ao nos depararmos com aquela lista sem objetivos claramente delimitados, percebemos o porquê do fracasso em não alcançá-los.

Portanto, é importante não confundir meta com sonho ou vontade, embora estes itens possam fazer parte de um processo de composição da mesma. Deve estar claro que traçar objetivos está além de sonhar. Eles precisam ser sólidos e plenamente alcançáveis.

Para que não ocorra o acima descrito, existem três premissas básicas sobre as quais as metas devem estar fundamentadas, conforme abaixo:

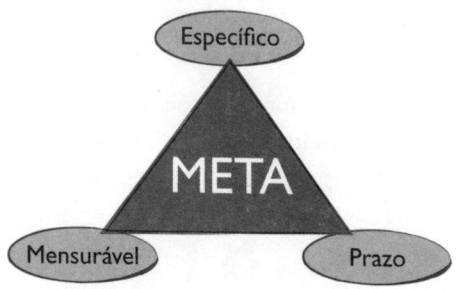

Passo a passo para construir um plano de metas:

1. Identificar as metas e escrevê-las:

    a. Não precisa se lembrar de todas no momento da confecção do plano. Podem ser acrescentadas aos poucos, conforme recordação.

    b. Escrever com a maior riqueza de detalhes possível.

    c. Escrever o benefício de cada meta: benefícios diretos e indiretos, tangíveis e intangíveis.

2. Identificar possíveis e/ou prováveis barreiras para a realização das metas propostas:

    a. Problemas no macroambiente (externos à vontade e geralmente fora do controle). Exemplo: Inflação.

    b. Problemas no microambiente (estão sob controle e domínio do executante). Exemplo: Falta de qualificação profissional.

3. Levantar as informações que cercam aquela meta:

    a. Histórico.

    b. Restrições.

    c. Necessidades de recursos.

4. Levantar pessoas ou ferramentas de suporte para a execução de cada meta (caso existam):

    a. Possíveis patrocinadores.
    b. Apoiadores ou incentivadores.
    c. Software, estrutura física, entre outros.

5. Estabelecer um conjunto de ações coordenadas para alcançar a meta estabelecida:

    a. Ações claras e com propósitos bem definidos.
    b. As ações precisam ser coerentes e inter-relacionadas.

    Exemplo: Emagrecer 15 kg
    Consulta ao nutricionista
    Planejamento e organização da dieta
    Definir atividades físicas (tipo e frequência)
    Realizar acompanhamento periódico
    Definição de ações em caso de desvios

6. Definir os prazos para execução:

    a. Os prazos sempre devem estar em formato de data – dia, mês e ano (nunca utilizar "daqui a um mês" ou "em 20 dias").
    b. Prazos devem ser definidos na medida certa: nem muito longos (não se tornam desafiantes) e nem muito curtos (criam uma sensação de desmotivação por não se alcançar).

É importante ressaltar que todo o plano de metas deve ter uma meta "maior", ou seja, a considerada principal, como uma hierarquia, em que as demais devem ter certo nível de subordinação. Esta meta, em boa parte das situações, é evidenciada quando realizamos três perguntas:

- O que você realmente quer ser?
- O que você realmente quer ter?
- O que você realmente quer fazer?

Ao responder as três perguntas acima, é inevitável que você acabe descobrindo ou evidenciando a sua grande meta, que é a razão pela qual seus esforços são direcionados diariamente. Não pode ser esquecido que a meta principal deve estar alinhada com os valores do indivíduo, ou seja, aquilo que ele considera como princípios sob os quais está a sua confiança. É importante que esta meta maior obedeça a alguns critérios, tais como:

- Seja específica tanto na definição como em sua realização.
- Seja viável e, ao mesmo tempo, desafiadora; em outras palavras, tire o indivíduo da zona de conforto e, ao mesmo tempo, provoque sensação de realização.
- Possua características próprias ou que lhe sejam atribuídas, de forma a torná-la possível de ser medida e quantificável.
- Não seja vislumbrada como isolada, mas dentro de um contexto e uma linha de pensamento aderente com as demais.

As metas devem ser agrupadas em quatro grandes grupos, de forma que seja possível estabelecer um nível de priorização entre elas. É importante que cada um deles tenha uma meta de maior valor, mais importante que as demais. A sua realização exercerá uma satisfação maior sobre o indivíduo.

Aliada aos seis passos mostrados anteriormente, é importante a realização de outros questionamentos com o objetivo de aumentar o campo de visão em cada área a ser verificada.

Perguntas para definir a meta

Área 1 = Vida Financeira

- Qual o valor do salário que você quer receber daqui a cinco anos?
- Como você define o estilo de vida que deseja ter neste prazo de realização (cinco anos)?
- Onde você vai querer morar? Qual o valor agregado da casa e/ou apartamento? Vai querer ter casa de praia ou serra? Qual o valor?

- Qual carro? Vai querer ter mais de um? Pretende presentear alguém com outro veículo?
- Qual o montante total ou nível de riqueza que pretende ter ao se aposentar?
- Qual o nível de investimento terá? Qual o valor terá investido no banco? Em que tipo de investimento? Qual será o seu nível de economia mensal e anual? Como estará sua família e você no item conforto?

Área 2 = Negócio e Carreira

- Como estará sua carreira? O que estará fazendo? Onde? Mesma empresa? Negócio próprio? Outra empresa?
- Com quem estará trabalhando?
- Que habilidades e competências terá desenvolvido? Em que posição hierárquica estará?

Área 3 = Saúde

- Qual aparência física projeta para si mesmo? Como se sentirá em relação a seu corpo e sua saúde? Com que peso estará?
- Qual seu ritmo de exercícios físicos (tipos e frequência)?
- Como estará mentalmente e psicologicamente?
- Sua vida espiritual estará em que estágio de desenvolvimento?
- O que é necessário mudar hoje em sua alimentação e saúde de uma forma geral para ter uma vida saudável daqui a cinco anos?

Área 4 = Vida Familiar

- Como será seu nível de relacionamento familiar? Quem você terá ao seu lado?
- Quem não fará mais parte do seu ciclo de convivência?
- Ao imaginar as pessoas mais importantes da sua vida, qual tipo de relacionamento e proximidade você vislumbra ter com elas?

Depois que as metas já estiverem definidas (passo um) e devidamente separadas em grupos de afinidade (passo dois), é necessário priorizar as metas de forma a organizar a ordem de realização das mesmas (passo três). Para tanto, existem duas possibilidades de priorização das metas:

Priorização Por Área:

    A – Prioridade Alta
    B – Prioridade Média
    C – Prioridade Baixa

Priorização Global:

    1 – Objetivo Principal
    2 – Objetivos de menor importância

Negócio e Carreira	Vida Familiar
Objetivo 1 (A)	Objetivo 1 (C)
Objetivo 2 (B)	Objetivo 2 (A)
Objetivo 3 (C)	Objetivo 3 (B)
Vida Financeira	**Saúde**
Objetivo 1 (A)	Objetivo 1 (C)
Objetivo 2 (C)	Objetivo 2 (B)
Objetivo 3 (B)	Objetivo 3 (A)

Após a priorização, basta seguir os passos cinco e seis definidos acima (elaborar atividades de ação e definir prazos) para fechar o plano de metas e colocá-lo em um lugar visível.

Para controlar a execução das metas, é aconselhável registrá-las em uma planilha, de forma que seja possível o acompanhamento pontual. É importante definir 10 minutos diários para revisar suas metas e verificar a evolução, através de uma simples pergunta: o que estou fazendo hoje que impactará amanhã na realização das minhas metas? Os devidos ajustes podem ser feitos a cada reflexão acerca da pergunta acima, conforme necessidade.

Método para Solução de Problemas

Conforme já descrito, a gestão parte da definição da meta e tem como agente fundamental a liderança no papel de criar meios e recursos para conseguir atingir e/ou superar os objetivos traçados. No entanto, é importante ressaltar que é primordial visualizar a realidade dos fatos, sem se enganar; ou seja, levar em consideração que a atual condição não é a ideal (até por isso a necessidade de se criar metas desafiadoras).

O conceito de problema, então, passa a ser tudo o que atua como barreira entre o padrão atual e o padrão desejado. De forma clara, o problema deve ser tratado como algo a ser eliminado e não simplesmente maquiado.

Existem dois pontos básicos para a resolução de problemas, além da metodologia, que são: a dedicação e o esforço. Estes itens aumentam o poder de concentração do indivíduo e permitem acelerar a capacidade no alcance da resolução.

Analisando de forma puramente teórica e isolada a palavra método, fica claro entender sua função: Método = Meta (meta) + Hodos (caminho); ou seja, forma pela qual se delimita um caminho na busca pela realização.

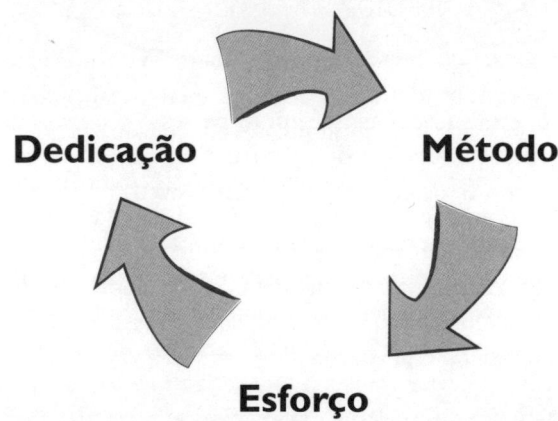

O método, que será descrito abaixo de maneira detalhada, não representa uma receita de bolo ou uma unanimidade incontestável, mas deve ser entendido e aplicado em consonância com o bom senso do executor ao enxergar a realidade e, se necessário, receber ajustes para a realização da meta traçada.

Para melhor entendimento, o método será explorado por módulos, conforme ilustrado abaixo:

Qual é o Problema?

É importante ter em mente que no cotidiano as pessoas perdem boa parte do seu tempo buscando assimilar qual o real problema a ser estudado, analisado e posteriormente solucionado.

Existem líderes que vivem planejando ações em função de um "problema" que só existe na percepção equivocada do mesmo e, portanto, sem fundamento coerente. De uma forma geral, o problema é aquilo que o afasta da sua meta. Sendo assim, conclui-se que algo que não tem nenhuma relação com a meta estabelecida não pode ser considerado problema.

Com esse cenário em mente, a definição correta do problema passa a ser uma atividade crítica do processo de gestão e deve ser tratada logo após a fixação da meta (lembra-se: para existir problema, deve existir meta; sem objetivos, não existem problemas e sem uma correta liderança acerca da meta, não existem realizações).

Outro ponto importante para definir o problema em questão consiste na capacidade de produzir questionamentos relevantes, de maneira a provocar uma percepção nítida da origem do mesmo. Deve-se priorizar a qualidade das perguntas para que ocorra uma reflexão coerente com o problema a ser identificado.

Após desenvolver perguntas para aprofundar o entendimento, é necessário deixar tudo registrado de maneira escrita. A escuta ativa e positiva também é importante, pois descobrir o problema através de afirmativas de outras pessoas (que podem, inclusive, não estar relacionadas ao tema em questão) pode ser um caminho aceitável.

Por fim, é importante ser crítico e criterioso. Respostas vagas e sem fundamento não devem ser ponderadas, mas sim respostas e dados esclarecedores e consistentes. O olhar crítico e minucioso, assim como o saber falar e ouvir, pode e deve ser usado como colaborador na busca pela definição clara, coerente e correta do problema.

Onde Ocorre?

Após a descoberta do problema, é fundamental saber onde ele se encontra ou se insere.

Do ponto de vista corporativo, existem algumas possibilidades a serem verificadas, tais como:

- Qual setor?
- Dentro de qual gerência ou superintendência?
- Em qual equipamento?
- Qual o estado?

Ao abordar problemas pessoais, muda-se apenas o ângulo de visão, uma vez que não existem setores, por exemplo. Alguns parâmetros podem ser considerados, tais como:

- Diz respeito a qual área da vida?
- Em que lugares esse problema se manifesta?
- É pessoal ou familiar?
- Existe domínio sobre este problema ou está fora de controle?

Tempo de Ocorrência

Deve ser feita uma análise do tempo em que o problema vem ocorrendo e qual a periodicidade com que ele se manifesta. Exemplo: há cinco anos, determinada empresa tem problemas com uma empresa de tecnologia da informação, sempre nos dois últimos dias do mês. É importante definir uma métrica de tempo, que será norteadora desta definição.

- Horário.
- Dias da semana.
- Turno.
- Sazonalidade.

Os critérios para definição do tempo de ocorrência são os mais variados possíveis. Acima, foram citadas as sugestões mais comuns.

Campos de Visão

Após analisar os três primeiros itens, não se deve chegar a conclusões finais sem antes buscar o entendimento do problema sob outras possíveis visões, ou seja, ampliar a área em torno da mesma situação.

Neste caso, recomenda-se conversar com outras pessoas ainda não abordadas, verificar se algum ponto importante não foi levantado na análise ou se falta informação relevante para se concluir algo a respeito do que está sendo estudado.

Causas

Após concluir a etapa de definição do problema, deve-se procurar entender as causas que geraram aquele desvio.

Neste momento, é necessário levantar o histórico do problema e assim buscar a causa fundamental que deu início ao desvio. Entendendo a causa fundamental, intuitivamente serão conhecidas as causas secundárias (aquelas que não exercem impacto direto sobre a raiz do problema).

Um método bastante praticado é a aplicação dos **Cinco por quês**, que consiste em realizar uma sequência de cinco questionamentos em torno do problema. À última resposta, dá-se o nome de solução real (baseada na causa fundamental) e a primeira resposta é considerada a solução paliativa (baseada na simples percepção do problema sem a devida análise). Veja o exemplo abaixo:

Pergunta 1: Por que a máquina parou?

Resposta 1: Porque o fusível queimou por sobrecarga.

Pergunta 2: Por que houve sobrecarga?

Resposta 2: Porque a lubrificação do rolamento foi inadequada.

Pergunta 3: Por que a lubrificação do rolamento foi inadequada?

Resposta 3: Porque a bomba de lubrificação não estava funcionando direito.

Pergunta 4: Por que a bomba de lubrificação não estava funcionando direito?

Resposta 4: Porque o eixo estava gasto.

Pergunta 5: Por que o eixo estava gasto?

Resposta 5: Porque entrou sujeira.

Solução real:

Colocar um filtro na bomba de óleo.

Solução Paliativa:

Trocar o fusível.

Caso: Parada de uma máquina, extraído do livro KAIZEN. Depoimento de Taiichi Ono, ex-vice-presidente da Toyota Motor.

Cases

O último passo que compreende o método de solução de problemas (antes da execução e acompanhamento da realização do que foi planejado) é o estudo de cases. Neste item, deve-se verificar histórias de sucesso, onde os problemas apresentados eram similares e, mediante atitudes eficazes, foram resolvidos.

É muito comum na indústria automobilística, diante de algum problema encontrado em um determinado veículo, a utilização de um case com o intuito de que as próximas versões sejam corrigidas e assim aprimorada a qualidade do produto. Em batalhas militares, essa ocorrência também é comum, uma vez que o líder busca "inspiração" em feitos relevantes do passado.

Aplicação Prática dos Conceitos de Administração

Os conceitos básicos da Administração são de conhecimento de boa parte dos indivíduos. Contudo, a abordagem proposta neste tópico visa a levantar essencialmente a parte prática baseada no processo de gestão encadeada, que está sendo apresentado.

Modelo tradicional de Administração:

- Planejamento
- Organização
- Direção
- Controle

Planejamento

Os tópicos visualizados até aqui estão dentro do primeiro conceito da Administração: Planejamento. Sob a ótica aqui abordada, o último passo do planejamento, que acontece após o estudo de cases, irá se chamar rota de execução, que é a ordenação de atividades a serem realizadas com seus respectivos prazos, após as devidas análises (definição da meta, alinhamento da liderança, descoberta e análise do problema).

Esta ferramenta é o item que deve anteceder o processo de execução. Nela, constarão todas as premissas, bem como todas as informações necessárias para oferecer suporte na aplicação daquilo que foi planejado na etapa anterior.

ROTA DE EXECUÇÃO

	Problema	Problemas Secundários	Causa Levantadas	Causa Fundamental	Ações Corretivas	Prazo de Realização	Status
Meta Financeira 1	X	X	X	X	X	X	X
Meta Financeira 2	X	X	X	X	X	X	X
Meta Financeira 3	X	X	X	X	X	X	X
Meta Financeira 4	X	X	X	X	X	X	X
...							
Meta Carreira 1	X	X	X	X	X	X	X
Meta Carreira 2	X	X	X	X	X	X	X
Meta Carreira 3	X	X	X	X	X	X	X
Meta Carreira 4	X	X	X	X	X	X	X
...							
Meta Saúde 1	X	X	X	X	X	X	X
Meta Saúde 2	X	X	X	X	X	X	X
Meta Saúde 3	X	X	X	X	X	X	X
Meta Saúde 4	X	X	X	X	X	X	X
...							
Meta Familiar 1	X	X	X	X	X	X	X
Meta Familiar 2	X	X	X	X	X	X	X
Meta Familiar 3	X	X	X	X	X	X	X
Meta Familiar 4	X	X	X	X	X	X	X

No item problema, deve ser listada a grande barreira para a realização de cada meta (considerando as dimensões abordadas – financeiras, carreira, saúde e familiar). Após citar os problemas (que serão definidos de acordo com o método já explicado), devem ser relacionados os problemas secundários, que são aqueles que existem e atrapalham a realização da meta, mas não têm o poder de impedir a sua execução. Exemplo: se sua meta é conhecer os Lençóis Maranhenses e o problema principal é a falta de recursos financeiros, talvez a possibilidade de inexistência de chuva possa ser um problema secundário (sem as chuvas, os lençóis não se formam e mais parecem dunas secas do que qualquer outra coisa).

No campo causas levantadas, será citado tudo aquilo que foi ressaltado no diagnóstico desenvolvido (mesmo as causas que exercem pouca relevância). Desta forma, enfim será estabelecido o item fundamental de acordo com a metodologia já apresentada acima.

Em "ações corretivas", serão listadas as ações efetivas que devem ser tomadas, de maneira que maximizem o resultado e se caminhe em direção às metas. Cada ação terá um respectivo prazo, que deverá ser desafiador e, ao mesmo tempo, realista. O campo status deverá ficar em branco no início, mas será de grande valia para acompanhar todo o processo.

Organização

A fase da organização compreende um período transitório entre as ações planejadas (rota de execução) e a efetivação de tudo que foi previsto.

Nesta fase, deve-se organizar o tempo, os recursos e, acima de tudo, o escopo daquilo que está sendo implantado e supervisionado. A etapa de organização pode ser definida como o momento em que se criam condições de viabilização de qualquer tipo de recurso para que o planejado seja implantado de maneira eficiente.

Execução

É o "coração" de todo o processo. Na execução, deve-se garantir que está sendo efetivado aquilo que consta em toda a etapa de planejamento e organização. O grande validador deste processo é o prazo, tendo em vista que, por melhor que seja a implantação, se ela não ocorrer dentro do prazo previsto, perde a sua relevância em termos quantitativos.

Durante este processo, a rota de execução deve ser acompanhada rigorosamente e a pontuação do andamento de cada ação deve ser registrada no campo "status":

- Acompanhar o planejamento;
- Confrontar previsto com realizado;
- Aferir resultados (se estão dentro do previsto ou se apresentam desvios);
- Em caso de atrasos ou resultados inconsistentes, verificar a origem dos desvios;
- Desenvolver uma rota de execução paralela para tratar dos desvios.

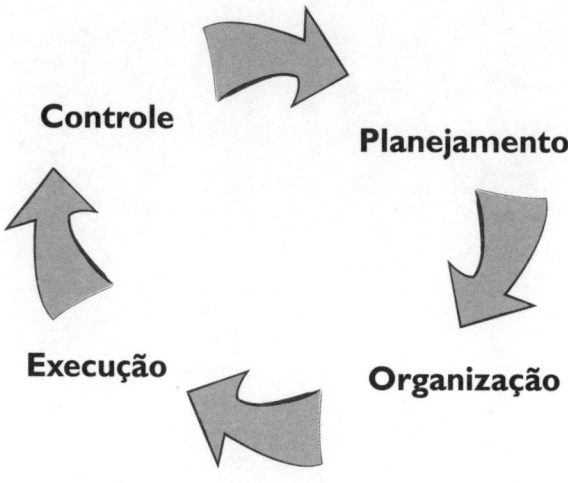

Controle

Esta última fase deve funcionar junto da execução, pois, a partir deste momento, já se pode efetuar o controle através da verificação dos resultados conseguidos em comparação aos esperados.

É importante ressaltar que o sucesso de todo esse processo de gestão, que começa na definição das metas, depende de um bom acompanhamento da execução e da capacidade de corrigir os desvios que poderiam inviabilizar o alcance das metas.

2

A Pirâmide da Gestão

O cenário em que se vive e pratica a gestão, atualmente, é de grande complexidade e exige habilidades diferenciadas para a melhor decisão e, consequentemente, o melhor resultado efetivo. Para tanto, é importante entender a nova realidade aparente:

   a. **Velocidade da informação:** É inegável a rapidez com que as informações são divulgadas atualmente. Esta predisposição do mundo contemporâneo exige uma atualização permanente dos meios de comunicação de massa.
   b. **Disponibilidade da informação:** Em toda grande e bem estruturada empresa, existem profissionais chamados de assessores de imprensa, cujo um dos objetivos é a busca por informações relevantes na grande rede. O alvo principal destes, na função de serem diferenciados, é a conquista de uma divulgação ou notícia antes das demais empresas que disputam o mercado. Esta função exige perícia e boa capacidade de transformar dados em informações.
   c. **Nível de participação:** Uma das grandes transformações na gestão atual é a descentralização do poder e o maior envolvimento dos colaboradores no processo decisório da empresa. Isso ocorre também no âmbito pessoal, onde a

decisão da compra de um carro, por exemplo, não é mais somente do homem da casa e sim uma decisão conjunta com o cônjuge. Isso é facilitado quando há um ambiente mais cooperativo.

d. **Comunicação e engajamento:** A comunicação não diz respeito apenas a partes isoladas no âmbito corporativo, mas sim a uma diretriz única da organização, ou seja, uma única ordem de comando. Assim como no âmbito pessoal, em que pais uniformizam as decisões na incessante busca pela melhor educação do(s) filho(s). Para que isso ocorra, o processo de comunicação deve estar bem alinhado.

e. **Metodologias:** O uso de métodos e ferramentas é muito mais flexível, pois o foco está na obtenção do resultado e não necessariamente nos meios usados para alcançá-lo, contribuindo assim para superar e aprimorar métodos obsoletos.

Liderança

A liderança, no contexto atual, consiste na capacidade de influenciar e conquistar pessoas em direção a uma meta. Liderança é quando se aplica a gestão (poder de decidir), a fim de alcançar as metas definidas através da mobilização de pessoas. O processo de liderança só é possível se ocorrer uma relação de confiança plena entre o gestor e a sua equipe.

O cenário é de grande mudança no conceito de liderança, em que o líder era chamado de chefe (autoritário e, muitas vezes, coercitivo) de forma a impor a autoridade sobre a equipe.

Atualmente, o ambiente é diferente. Vivemos um tempo de gestão compartilhada, em que a equipe também participa do processo decisório.

Um estudo de cunho técnico, realizado pela Caliper Brasil em parceria com a HSM, junto a 223 CEO's e diretores, apontou que as lideranças brasileiras tendem a se basear mais em seus instintos do que em pesquisas minuciosas de fatos e informações, tornando-se mais propensas a cometer erros.

A informação acima deixa clara a necessidade de uma liderança mais "profissional"; ou seja, baseada em fatos e dados e não apenas em percepção. A liderança baseada em informações e estudos efetivos tem uma tendência muito mais forte a resultados expressivos, pois pondera a realidade de forma correta e imparcial.

Neste tópico, serão apresentadas as bases da liderança, tendo como o ponto mais alto a gestão, ou seja, a decisão do que fazer e do que não fazer.

Pirâmide (do topo para a base):
- Gestão
- Administração de conflitos
- "Paixão pelo que Faz"
- Foco
- Confiança

Todo líder deve entender que o produto final do seu trabalho é a lista do que fazer ou não, além do que deixar para outro momento. Para que esse processo seja por inteiro executado, a base principal é a confiança.

Confiança

O processo de "conquista" de uma equipe ou grupo de pessoas envolve um espinhoso caminho que requer do gestor/líder uma postura única e que seja respaldada nos valores da empresa. A transparência é um valor fundamental no mundo atual, onde o líder não pode "incorporar personagens", isto é, ser um na empresa, outro em casa e outro no ambiente de lazer. A grande verdade é que a coerência na linha de conduta é vital para que a confiança seja plena e assim se tenha uma base sólida na liderança.

Foco

A liderança fundamenta-se na determinação de uma linha de atuação firme e consistente, que seja seguida de forma irrevogável até o alcance do objetivo proposto. Ter foco significa justamente não perder tempo com aquilo que não será vital para que se atinja a meta traçada pelo grupo ou equipe. Um líder que não tem foco não consegue direcionar seus subordinados a trabalharem ordenadamente, sem que ocorra um grande índice de retrabalho ou reclamações constantes.

Paixão pelo que Faz

A liderança deve ser inspiradora e transformacional. Aquele que está à frente do processo deve demonstrar afinco e paixão pelo que está executando. A existência destes sentimentos cria uma mobilização nos demais, o que resulta no aumento significativo dos resultados obtidos, bem como do nível de comprometimento com o que é realizado.

Administração de Conflitos

É humanamente impossível evitar conflitos no dia a dia. O que se orienta é a capacidade de gerenciá-los, de forma a minimizar seus efeitos negativos, que podem ser:

- Tensão
- Agressão
- Ambiente improdutivo

É importante ressaltar que os conflitos não são originados ao acaso, mas são resultados de ação ou reação no meio em que se atua, tais como:

- Conflito de interesses (indivíduo X organização; grupo X organização);
- Problemas no processo de comunicação;
- Disputa intensa pelo poder e crescimento dentro do mesmo ambiente;
- Frustrações em função de promessas feitas e não cumpridas por parte da organização;
- Fofoca, invejas e intrigas.

No entanto, quando os conflitos são tratados de forma produtiva, consegue-se uma maior motivação e engajamento na busca por soluções definitivas.

Gerenciar uma organização implica em gerenciar uma série de conflitos diariamente, ocupando cerca de 20% do seu tempo, dentro da agenda programada. Abaixo, estão listados os cinco passos básicos e fundamentais para efetuar uma boa administração de conflitos:

Passo 1: O foco deve estar sempre na solução, nunca no problema em questão.

Passo 2: A solução a ser colocada em pauta deve oferecer benefícios claros para ambas as partes.

Passo 3: No momento de criticar, saiba como fazer de maneira a não frustrar o outro envolvido.

Passo 4: Apresente-se humilde em reconhecer os pontos em que os erros estejam sob sua responsabilidade.

Passo 5: Termine o encontro com a total certeza do conflito equacionado e deixe claro todos os passos e atitudes que serão tomados, para evitar que o desvio ocorra novamente.

Gestão

É o grande foco da liderança e já foi largamente discutida no capítulo anterior. Convém ressaltar que a gestão só é empregada de forma efetiva e com resultados práticos se os demais itens forem considerados no processo de liderança.

É importante perceber que o papel do líder é o de promover a educação e, como foi visto anteriormente, não basta ensinar. É preciso mostrar que é possível realizar, através de exemplos e vivência prática.

Em parte do tempo, o líder é visto como um treinador em função das suas atribuições e responsabilidades. A exemplificar:

O ex-comandante do exército americano Wayne Downing tinha uma cartilha plastificada, cujo objetivo principal era entregá-la a indivíduos com alto grau de empreendedorismo. Isso visava a reforçar sua liderança, mas também criar um senso criativo e de mobilização nos seus liderados.

> **REINVENTANDO LICENÇAS**
> É a coisa certa para nosso país? Para nossas forças?
> É consistente com os valores da nossa organização?
> É lícito e ético?
> É algo pelo qual você quer se sentir responsável?
> Se a resposta for SIM a todas as perguntas,
> **NÃO PEÇA PERMISSÃO, VÁ E FAÇA!**
>
> Wayne A. Downing
> General do Exército Americano
> Comandante-Chefe

Em linhas gerais, a liderança deve ser vivida na prática e fundamentada em confiança. Contudo, deve sempre haver espaço para o empreendedorismo e inovação. A grande resultante de um bom líder é quando se percebe um alto nível de gestão, evidenciado em forma de resultados.

Gestão Emocional (Relacionamento Interpessoal)

A gestão emocional faz parte da pirâmide da liderança pelo entendimento de que é impossível realizar qualquer empreendimento sem equilibrar sentimentos, ações e atitudes. Tudo que é desenvolvido por um indivíduo é resultado, sobretudo, das suas emoções e o equilíbrio das mesmas em seu pensamento.

A sociedade atual é a sociedade do conhecimento e preza o relacionamento interpessoal acima de qualquer coisa, partindo do pressuposto de que ninguém realiza nada sozinho e que "a união faz a força".

A gestão emocional é o item que apresenta menor autonomia e controle por parte do indivíduo. Não é fácil dominar sentimentos que afloram e vontades que se sobrepõem, muitas vezes, a valores centrais desenvolvidos com o passar dos anos.

Equilíbrio Emocional

O cérebro humano possui funcionamento sistêmico com funções bem definidas. O lado direito retrata as emoções e, por isso, é chamado de Q.E ou quociente emocional. Já o lado esquerdo abrange o raciocínio lógico e é chamado de Q.I ou quociente intelectual.

Sendo assim, quando se fala de gestão emocional e inteligência emocional, contempla-se o lado direito do cérebro, pois é o que diz respeito a todas as emoções do ser humano. Nos relacionamentos interpessoais, situações de alto nível de complexidade e envolvendo muita tensão são rotineiras e exigem do indivíduo habilidade para lidar com elas.

Controlar e gerenciar as emoções é um desafio constante, pois deve-se buscar o equilíbrio nesse âmbito, para que as ações e pensamentos não sejam dominados 100% pela emoção. Um indivíduo, para ser totalmente realizado, não dependerá apenas do seu Q.I, ou seja, conhecimentos e formação. A interação com outros seres humanos e os resultados desta interação também serão vitais para conduzi-lo ao sucesso.

É importante entender que o processo de desenvolvimento da gestão emocional envolve duas grandes áreas: competências sociais (gestão dos relacionamentos) e competências pessoais (gestão em relação à própria vida).

Competências Pessoais

1. Autoconsciência
    a. É a base da inteligência emocional
    b. Dominar o conhecimento dos próprios defeitos e limitações
    c. Nível de percepção aguçado
    d. Entendimento do mundo ao seu redor
    e. Controlar suas ações
    f. Conhecer suas principais qualidades

2. Motivação
    a. São tendências que envolvem emoções e podem agir como facilitadoras no processo de desenvolvimento
    b. Quanto maior a motivação, menor a necessidade de itens de controle
    c. A motivação atua diretamente no aumento da capacidade empreendedora
    d. A motivação promove aumento substancial da produtividade
    e. Motivação está intimamente ligada a otimismo e empenho com foco

3. Autocontrole
    a. Diz respeito ao controle do estado emocional, impulsos e recursos internos
    b. Controlar atitudes
    c. Transmitir confiabilidade
    d. Manter-se fiel a crenças e valores, mesmo em situações de extrema pressão

Competências Sociais

1. Empatia
2. Habilidades Sociais Gerais
3. Críticas
4. Gestão de mudanças

Os Mandamentos do Relacionamento Interpessoal

Grande parte daquilo que um indivíduo executa exige dele habilidades em relacionar-se com o meio em que vive e, sobretudo, com pessoas. É importante destacar que o equilíbrio emocional só se torna prática na vida de um ser humano quando o mesmo está em sintonia perfeita com seus relacionamentos.

Para efeito de entendimento, neste livro, serão considerados diversos tipos de relacionamentos emocionais (embora, na essência, possam não envolver majoritariamente emoções), tais como:

- Relacionamentos Profissionais
- Relacionamentos Pessoais
- Relacionamentos Amorosos/Afetivos
- Relacionamentos com parentes

Tendo estes âmbitos como parâmetros, serão explicitados abaixo os princípios que devem coordenar os relacionamentos interpessoais ao caminho do êxito.

1. Atrair atenção na medida certa: É conveniente deixar que as outras pessoas façam comentários ou elogios acerca da sua pessoa. Quando se atrai muita atenção, corre-se o risco de provocar ciúmes, invejas e, até mesmo, gerar desconfiança. Ser modesto é importante, assim como ser discreto ao falar dos seus problemas ou pontos fracos.

2. Deixar seu talento fluir: Pessoas que exageram no marketing pessoal podem ser vistas como fúteis ou sem conteúdo de fato. É importante deixar que as coisas aconteçam, no âmbito pessoal e profissional, sem nenhum tipo de pressão ou pressa, pois isso compromete a sustentabilidade daquilo que se está planejando.

3. Elogios na medida certa: Excesso de elogios causa descrédito e gera no receptor a sensação de injustiça ou nível ineficaz de observação. O elogio, quando utilizado no momento certo e na intensidade exata, produz bons frutos. Caso contrário, não é eficiente no seu propósito.

4. Aparência pessoal: Higiene pessoal, combinação dos tons da roupa, odores, barba, unhas, cabelos e outros itens são de grande importância para manter relacionamentos duradouros. Problemas com aparência pessoal criam barreiras de aproximação entre os indivíduos. Vestir-se de maneira muito extravagante também é um problema, pois passa uma imagem de supremacia, o que é ruim para a atuação em equipe ou em uma sociedade.

5. Construa seu espaço: Deve-se adotar um estilo e um tipo de linguagem diferente para cada indivíduo, de forma a identificar corretamente o seu espaço de atuação. Nunca pense que todos são iguais, seja na maneira de pensar, agir ou de se expressar.

6. Foco em solução: Detectar problemas e levá-los a terceiros é uma prática comum, que deve ser banida, quando se pensa em construir bons e sólidos relacionamentos interpessoais. É de grande valia que, junto ao problema, sempre seja apresentada a solução para o mesmo.

7. Dosar a abertura com os demais: Ser cordial e aberto ao diálogo é muito importante, contudo, o excesso disto pode ser visto como amadorismo ou excesso de intimidade. É importante sempre rever o tipo de relacionamento e o nível de abertura que está sendo desenvolvido.

8. Feedback contínuo: Feedback não pode ser um processo isolado ou um encontro informal. Deve ser contínuo e formalizado, de maneira que desenvolva ações específicas e produza resultados ao longo do tempo.

A exposição da verdade de forma plena, que o feedback possibilita, é uma grande auxiliadora no processo de conquista e manutenção de uma rede de relacionamentos, por exemplo.

9. Compreenda as diferenças: É de grande relevância preservar as preferências das pessoas com as quais se relaciona, sobretudo, no que diz respeito a gostos pessoais. Entender e respeitar diferenças faz parte do processo de conquista de bons relacionamentos interpessoais.

10. Cuidado com o sarcasmo: A marca provocada pelo sarcasmo é muito difícil de ser removida. Por esta razão, deve-se evitar ao máximo este tipo de exposição e, acima de tudo, a criação de uma imagem pessoal vinculada ao sarcasmo.

11. Atenção com a percepção dos demais: A percepção e a leitura que as pessoas desenvolvem de um indivíduo sempre têm um fundamento, mesmo que seja irreal. É importante que o motivo que gerou esta percepção (seja ela distorcida ou não) seja avaliado e entendido.

12. Promova a satisfação: Pessoas agradáveis são sempre lembradas e de forma positiva. Por isso, é importante que, sempre que possível, crie um ambiente agradável para gerar satisfação nas demais pessoas. É óbvio que agradar a todos será impossível, mas buscar agradar o máximo de pessoas por um maior período de tempo deve ser uma meta.

13. Busque crescimento sustentável: Exercer o princípio "faça sua estrela brilhar, mas não apague o brilho de outra" deve ser uma preocupação constante de todo indivíduo para criar bons e duradouros relacionamentos.

14. Trabalhe em equipe: Esta é uma necessidade do mundo contemporâneo que deve ser entendida e respeitada. Ninguém produz nada sozinho e as empresas e relações não caminham sem o respaldo dos demais.

Relacionamento Interpessoal

O relacionamento, dentro de qualquer área de atuação, tem sido de grande valia para um indivíduo. Atualmente, é impossível desenvolver qualquer coisa sozinho. Existem alguns paradigmas, no que diz respeito a relacionamento interpessoal, a saber:

1. Não se exponha: A pessoa, ao se expor demais, acaba, muitas vezes, exagerando e falando coisas que não devem ser ditas, colocando o relacionamento em jogo. Sobretudo no início da relação, as coisas que forem afirmadas devem ser bem avaliadas antes.

2. Seja natural: O marketing pessoal em excesso sempre atrapalha. Não é bom viver demonstrando algo que não é. Isso não é uma boa base sólida para construir um relacionamento. De certa forma, não ser natural tem prazo curto de validade.

3. Elogie somente o necessário: O elogio ou reconhecimento tem um poder transformacional enorme, mas, quando usado em excesso, acaba não tendo eficácia. Elogiar demais pode parecer algum tipo de "bajulação" ou até mesmo falta de poder crítico (só elogiar quando necessário e por motivos concretos).

4. Seja discreto no trabalho: A maneira de se comunicar e a maneira de se portar fazem toda diferença no processo de conquista de um relacionamento duradouro. Postura inadequada pode transparecer um ar de soberba ou até mesmo de ignorância.

5. Aprenda a lidar com todo tipo de gente: O convívio pessoal ou profissional envolve fatores que são de difícil controle, já que nos relacionamos com pessoas de religiões diferentes, culturas diferentes e ambições diferentes. Adaptar-se ao convívio com pessoas diversas deve ser um desafio constante de todo indivíduo.

6. Tenha sempre uma atitude positiva: Pessoas com atitudes e falas pessimistas sempre têm maior dificuldade de relacionar-se no seu meio de atuação. Geralmente, são vistas como indivíduos que devem viver isolados, pois não produzem efeitos positivos em sociedade.

7. Não se torne íntimo das pessoas: Liberdade e intimidade devem andar separadas, sobretudo, quando se fala em ambiente corporativo. Ter liberdade e ser próximo das pessoas é muito importante e facilita o processo de comunicação. Contudo, o excesso disso pode trazer problemas, principalmente se houver uma relação de subordinação direta.

8. Se for criticar, faça-o indiretamente: O melhor método existente de resolução de problemas é, acima de tudo, falar a verdade sem omitir dados e fatos. É importante que, por mais dura que seja a verdade, ela seja dita de forma clara e com o intuito de contribuir para um desenvolvimento.

9. Nunca se equipare com os seus colegas de trabalho: Na existência de comparações, sempre há uma grande probabilidade de criação de conflitos internos e, consequentemente, problemas nos relacionamentos. É importante defender seus valores e crenças, sem promover comparações.

10. Exercite sua autocrítica: Feedback é uma ferramenta excelente de melhoria contínua, contudo, é de grande valia que seja exercida também a autocrítica, no sentido de entender pontos fortes e pontos fracos, além do limite de onde se pode atuar.

É necessário cultivar em todos um sentimento de aceitabilidade e de abertura para desenvolver uma boa comunicação. Abaixo, temos alguns indicativos de aceitabilidade e rejeitabilidade:

Exemplos de rejeitabilidade são:

- Falar alto ou gritar
- Impor-se agressivamente aos outros
- Egocentrismo
- Contar vantagem
- Semear fofocas, mentiras e intrigas
- Passar-se por vítima
- Negligenciar prazos
- Insegurança

Exemplos de aceitabilidade são:

- Ser prestativo e atencioso
- Ter boas maneiras
- Consideração e gratidão
- Postura de humildade e simplicidade
- Saber ouvir e elogiar os outros
- Estar sempre disposto e com bom humor
- Demonstrar convicção em suas ideias

Tipos de Relacionamento Interpessoal

As pessoas são diferentes, criadas em culturas diferentes, com hábitos diferentes e, acima de tudo, valores diferentes. As características dominantes de cada indivíduo devem ser respeitadas. Para isso, torna-se essencial verificar com que tipo de pessoa está se relacionando.

Tipo Sozinho

Muitas pessoas sentem necessidade de ficar só. Quem curte esta característica é sozinho; quem sofre com ela é solitário.

Você pode:

- aproximar-se devagar, sem impor nada;
- respeitar a individualidade e o silêncio, buscando, passo a passo, aumentar a proximidade e a comunicação verbal;
- aprender a ouvir estas pessoas – e o seu silêncio;
- iniciar um diálogo por meio de suas considerações, já que os "sozinhos" têm senso de observação apurado.

Tipo Tímido

Sente vergonha de se expor; teme ser criticado ou rejeitado; sente-se incapaz mesmo que não o seja. Sua reserva pode ser entendida como arrogância ou antipatia, o que o afasta ainda mais do grupo.

Você pode:

- incentivá-lo, a princípio reservadamente, a cada opinião adequada emitida, cada comportamento assertivo e competente, cada demonstração de autoconfiança;
- utilizar palavras positivas e pequenos gestos de aceitação: sorriso, tapinha nas costas, aperto de mão, um "obrigado" especial;
- dar-lhe tarefas em que você tem certeza de que ele se sairá bem, aumentando paulatinamente o grau de dificuldade de execução;
- demonstrar, a cada conquista, sua possibilidade de crescer, evoluir; seu valor pessoal e profissional; cativar sua amizade, franca e sinceramente.

Tipo Pessimista

Este tipo de indivíduo tem como característica principal a necessidade de visualizar apenas pontos fracos e potencializar os mesmos de forma a criar uma "nuvem" que cobre todas as suas conquistas.

Você pode:

- tratá-lo com igualdade, evitando discriminá-lo por seus comentários maldosos ou pessimistas (se houver);
- dialogar francamente quando surgir um conflito;
- evitar interpretar o que ele diz. Procure saber exatamente o que ele quer transmitir;
- demonstrar os fatos, imparcialmente;
- evitar diálogos vagos e não explicativos;
- ouvir sua opinião sobre diferentes assuntos, dando ênfase e incentivo aos comentários imparciais e objetivos;
- utilizar sempre argumentos profissionais, evitando os pessoais e as críticas destrutivas.

Tipo Cínico

Por onde passa, deixa seu rastro de afetividade e otimismo. Adora ser apreciado, valorizado, paparicado, "estar no palco". Quando verdadeiro, é um excelente amigo e colega de trabalho, que realiza suas atividades com empenho, interesse e competência.

Você pode:

- dar atenção a ele nas horas em que demonstrar ser ele mesmo;
- evitar levar seus sorrisos e olhares para o lado pessoal;
- considerar seus abraços e olhares como parte do indivíduo que ele criou, sem incentivá-lo nem rechaçá-lo por isto;
- incentivar os comentários imparciais, ponderados e objetivos que realizar;
- estimular seu lado "real" com pequenos comentários.

Tipo Sabe Tudo

Se alguém pergunta alguma coisa perto dele, mesmo sem ser chamado, aparece do nada, dá palpites, ou melhor, dá a solução, pois está sempre certo.

Você pode:

- ouvir e agradecer os comentários, mas sem deixar que ele domine a conversa
- quando possível, faça comentários positivos a essa pessoa, do tipo "suas ideias são boas, mas deixe os outros opinarem também para enriquecermos nossas discussões".

Tipo Xerife

É um tipo malvado, mandão e de poucas palavras. Geralmente, é mais caladão, cara fechada. Ele pode ser pessimista ou não. A filosofia de "manda quem pode, obedece quem tem juízo" ainda impera para este personagem.

Você pode:

- evitar confrontar suas ideias/comentários com as dele. Em vez disso, demonstre que suas ideias/comentários complementam as dele;
- ter paciência nos momentos de exaltação deste perfil.

Tipo Sr. Alegria

A preocupação principal deste personagem é aparecer, fazer gracinhas, chamar a atenção. Muitos deles adoram brincar e gozar com a cara dos outros, mas não admitem que gozem da cara deles.

Você pode:

- cumprimentá-lo de forma bem-humorada, mas sendo racional nos momentos que assim o exigem, mesmo que esse perfil não dê a devida importância.
- não demonstrar irritação com as brincadeiras, pois isso só o motiva a brincar mais. Também não exagere na participação das brincadeiras. Inicialmente, entre no clima sem exageros; depois, volte a sua concentração.

Tipo Otimista

É uma figura que aparenta ser a ideal para a empresa, mas que, com o tempo, você percebe que fala mais do que faz. Ele acredita, mas não faz as coisas acontecerem!

Você pode:

- documentar sua participação, definindo prazo para execução;
- monitorar e acompanhar diariamente seu desempenho;
- iniciar a execução de uma tarefa com ele e, posteriormente, deixar que dê continuidade sem sua participação.

Tipo Entusiasta

Ele acredita em todas as coisas, na capacidade dele e dos outros para transformá-las, para atingir os objetivos e as metas da empresa. Geralmente, é bem-humorado e sabe dosar o humor na hora certa, auxiliando na manutenção do bom clima organizacional. Quando o clima não está bom, é o primeiro a ajudar a reverter a situação.

Você pode:

- solicitar sua participação nos projetos;
- aprender com seu comportamento, objetivando desenvolver suas habilidades de liderança.

Gestão do Tempo

Muitos congressos, seminários e workshops tratam deste tema de grande relevância no cenário atual. Ao lado da gestão emocional, a gestão do tempo forma a base da pirâmide da gestão, sobre a qual deve estar sustentada qualquer carreira ou vida pessoal. Sem um bom equilíbrio e controle emocional, além de um tempo devidamente organizado e otimizado, o indivíduo não consegue se desenvolver e alcançar novos horizontes e/ou viver crescimentos sustentáveis.

A Escassez do Tempo

É notório que, na atualidade, o tempo é o recurso mais escasso e isso acaba refletindo em uma grande preocupação das pessoas em buscar ferramentas que possam reduzir ou eliminar sua falta. É importante afirmar que a frase "estou sem tempo" é uma grande mentira para aqueles que querem vivenciar uma plena gestão de tempo.

Sob o conceito da gestão do tempo, deve-se substituir a frase "estou sem tempo" por, "atualmente, não tenho como realizar tal tarefa, pois estou dedicando meu tempo ao projeto XXX". Isso deixa claro que existe tempo para realizar qualquer atividade. O que diferencia o que vai ser realizado daquilo que não será é o nível de prioridade que estabelecemos entre as variadas atividades.

É necessário que o controle do tempo esteja 100% na mão do indivíduo. Caso contrário, terá dificuldades em implantar uma gestão eficiente dentro do seu tempo gasto. Gerenciar o tempo não é realizar tudo que é solicitado, mas sim priorizar aquilo que gera resultado efetivo e significativo. Dentro da visão empresarial, é importante entender que a escassez do tempo ocorre em função do mesmo não ser prolongado e, à medida que é gasto, não poder ser reaproveitado.

Estes dois fatores criam uma necessidade urgente de se gerenciar o tempo de maneira eficaz.

Definição = Gestão do tempo. Consiste em criar um planejamento de rotinas, que seja viável e atingível e que, acima de tudo, possa ser monitorado, a fim de priorizar atividades críticas em um contexto que envolva atividades profissionais e pessoais.

Atualmente, a falta da gestão do tempo gera um grande número de acidentes de trabalho. Muitas pessoas confundem tal termo e o associam apenas a um processo produtivo, sendo que não podemos restringir a aplicabilidade de tal conceito.

Para evitar que acidentes de trabalho ocorram em função da má administração do tempo, algumas medidas importantes podem e devem ser adotadas:

1. Identificar principais gargalos:

- Quem são os maiores "ladrões" de tempo?
- O seu nível de internet está adequado?
- As atividades que mais lhe dão prazer estão sendo priorizadas no seu dia a dia?

2. Mensurar o tempo gasto:

- Quanto tempo gasto em determinada atividade por dia? Por semana? Por mês?
- Qual o percentual de tempo diário que gasto com atividades que não me geram resultados expressivos?
- Qual o percentual de tempo diário que uso com os "ladrões" do meu tempo?
- Qual o percentual de tempo diário que uso com atividades que me dão prazer?

3. Propor uma reorganização do tempo:

- Definir atividades que trazem mais resultados;
- Estabelecer o maior percentual de tempo a tais atividades;
- Calcular o tempo economizado ao eliminar os "ladrões" do tempo;
- Estabelecer um tempo mínimo para se dedicar as atividades que lhe dão prazer.

Nos itens acima, são citadas atitudes básicas para a melhoria da gestão do tempo (nos próximos tópicos, serão expostos conceitos mais específicos para aplicação prática), que afetam diretamente o nível de produtividade de um indivíduo.

Princípio da gestão do tempo organizacional 1

"Quanto maior o seu cargo e sua importância dentro de uma organização, maior será o valor do seu tempo."

A frase acima expõe uma preocupação do empresário de tentar se desvencilhar de atividades operacionais e burocráticas que, invariavelmente, acabam lhe fazendo ficar preso no escritório, respondendo e-mails, fazendo reuniões etc. Isso se deve ao fato da sua relação hora trabalhada ser alta, em função do seu nível de conhecimento e habilidade.

Torna-se de vital importância para a organização ter um registro exato do tempo que é gasto com cada atividade, a fim de que possa medir a eficiência dos colaboradores. Para fins de exemplificação, seguem, abaixo, alguns tipos de atividades que podem ser mensuradas, com o objetivo de se ter um maior controle:

- Tempo gasto com a procura de um documento no arquivo morto;
- Em quanto tempo é processado o pedido de compra de materiais de escritório;
- Tempo gasto para conciliar os caixas;
- Período gasto para efetuar o fechamento da folha salarial;
- Tempo gasto com manutenção dos equipamentos;
- Tempo necessário para lançamento de uma nota fiscal de entrada de mercadoria;
- Tempo para geração de relatórios gerenciais;
- Entre outros.

Princípio da gestão do tempo organizacional 2

"O passo vital para uma boa gestão do tempo consiste em realizar um raio X perfeito e realístico do momento atual, pois só se implanta gestão quando se sabe, primeiro, onde se está e, segundo, onde se quer ir."

Eficiência do Tempo

A utilização do tempo é como se vestir para uma reunião de negócios: não existe certo ou errado. Existe, porém, o bom senso e as opções básicas que sempre refletem um tom formal ao visual, sem correr riscos (terno preto, por exemplo).

O método que será utilizado para prover uma reflexão sobre como está o nível de eficiência do seu tempo (associando a melhoria da gestão do tempo à implantação de métodos de organização) será o de perguntas abertas, tais como:

- Os itens que estão na sua mesa de trabalho são importantes para o seu dia a dia?
- Como está o nível de arrumação da sua gaveta do trabalho? E da sua casa?
- Se precisar de um documento utilizado há três meses, qual o nível de facilidade para encontrá-lo?
- O seu espaço de trabalho é limpo e organizado?
- Qual o seu padrão de realização de atividades? Existe um critério? Ou as atividades são realizadas de acordo com a ordem que surgem?
- Você possui disciplina para realizar tudo que planeja? Existe muita dispersão?

A resposta, ou uma simples reflexão sobre os temas acima, resulta em uma importante ferramenta para melhorar a eficiência do tempo no trabalho. Basta se atentar para o fato de que o entendimento e a visualização destas situações vai gerar o "raio x" citado no tópico anterior.

Nos tópicos seguintes, serão explicitadas ferramentas específicas para a gestão do tempo. Diante do primeiro passo, é muito comum o seguinte questionamento: "Como começo, tendo em vista a bagunça que está a minha agenda?"

Para fins de desmitificar o passo inicial, citaremos uma lista de atividades básicas, com o propósito de gerar uma situação de organização mínima, para que possam ser aplicadas as ferramentas que abordaremos mais na frente.

A lista de atividades abaixo pode ser considerada como **dever de casa inicial** para ingressar num modelo de gerenciamento do tempo:

- Arrumar e organizar a mesa;
- Arrumar e organizar a(s) gaveta(s);
- Organizar todo o ambiente de trabalho;
- Arrumar arquivos, dispositivos móveis, armários e estantes;
- Organizar toda a papelada por afinidade de assuntos ou por ordem cronológica;
- Efetuar um planejamento diário do que deve ser realizado;
- Verificar a importância dos papéis guardados (lembre-se que boa parte das informações podem estar digitalizadas ou em sistema);
- Controlar suas anotações e reuni-las em um único lugar (agenda virtual, por exemplo).

Após os passos iniciais, é de grande valia que seja estabelecida uma agenda diária. O fundamental é que fiquem claras as tarefas e atividades a serem desempenhadas no dia.

Otimizando o Tempo em Reuniões

É importante entender que o sucesso de uma reunião depende, essencialmente, da capacidade de utilizar informações que sejam relevantes e, acima de tudo, validadas, para que se gere algum tipo de tomada de decisão. A objetividade também é importante, pois reuniões longas e sem um alvo claro não são toleráveis no atual cenário.

Existem quatro premissas para que as reuniões sejam altamente produtivas:

- Envolver as pessoas necessárias;
- Ocorrer no momento adequado e oportuno;
- Assuntos pertinentes e relevantes para todos os envolvidos.
- Ordem coerente de exposição dos assuntos.

Passo a passo para otimizar uma reunião

1. Cronograma

Agenda com tempo de início e término (dividido por itens). Devem ser listados os itens que serão abordados e o tempo dedicado a cada um. Reunião que começa com atraso gera impressão de descaso. Reunião que termina depois do horário indica falta de planejamento.

2. Liderança

Toda reunião deve possuir um condutor, ou seja, o líder que determinará a velocidade e a intensidade de cada assunto. Ele deverá dosar o tempo, de forma que os objetivos sejam alcançados sem comprometer o cronograma definido. Este líder deve promover debates e discussões acerca do tema ou decisão em questão.

3. Objetivos claros:

É importante a definição dos objetivos da reunião com antecedência, para que haja preparação por parte dos envolvidos. Quanto mais delimitado o objetivo da reunião, melhor será o seu aproveitamento. Os objetivos, quando divulgados, devem gerar comprometimento nos envolvidos.

4. Foco nos debates:

É muito comum que, em reuniões com muitos indivíduos envolvidos, ocorra um desvio do foco, em função de serem várias pessoas opinando a respeito de um mesmo assunto (muitas, inclusive, não dominando o assunto tratado). É importante que o condutor da reunião não permita a inserção de assuntos que não tenham sinergia com os objetivos definidos para o encontro.

5. Escolha adequada do ambiente:

Aparentemente sem importância, este fator pode gerar uma melhor desenvoltura no decorrer da discussão. O ambiente deve ser livre de qualquer tensão, para que os envolvidos se sintam encorajados a participar de forma efetiva da discussão.

6. Gestão de conflitos:

Toda reunião é cercada de interesses de diversos níveis e complexidades. Cabe ao condutor realizar a gestão destes conflitos individuais, de forma que o objetivo geral da reunião não seja afetado, bem como a discussão não seja direcionada a debates que não agreguem valor.

7. Plano de ação

Contempla o fechamento da reunião, onde são expostas as conclusões e todo o desdobramento dos assuntos tratados. Neste último ponto, devem ser explicitados:

- Definir ações;
- Estabelecer atribuições e tarefas detalhadas para a realização de cada ação;
- Atribuir responsáveis por cada ação;
- Definir prazos de execução.

O que não pode faltar em uma reunião?

1. Elaborar *checklist* dos itens indispensáveis para o encontro:
   - Aluguel da sala;
   - Verificar itens de suporte (ar-condicionado, por exemplo);
   - Projetor/Data Show;
   - Canetas;
   - Água/Café;
   - Mobiliário necessário (mesa, cadeiras etc)

2. Documentar a agenda do encontro (sugestão: criar uma pauta de reunião);

3. Providenciar a ata da reunião;

4. Pontualidade para o início e, sobretudo, para o término;

5. Levantar documentação necessária para a reunião;

Como Escrever e-mails Eficazes

Um dos instrumentos mais poderosos de comunicação atualmente é o e-mail. Tal ferramenta serve para reduzir distâncias e tornar o alcance da informação ilimitado, tendo em vista os efeitos da globalização.

No mundo corporativo atual, onde boa parte das organizações têm expandido suas operações, a distância geográfica aparece como um grande problema no processo de tomada de decisões estratégicas, tendo em vista a complexidade para que encontros físicos ocorram.

O e-mail torna-se eficaz, à medida que aproxima as pessoas, encurtando distâncias e promovendo um processo de comunicação ágil e barato. A utilização desta ferramenta de forma equivocada, no entanto, acaba não gerando os efeitos que são esperados e, com isso, o processo de comunicação acaba sendo falho e o nível de retrabalho grande.

Título

O primeiro item a ser considerado na redação de um e-mail deve ser o título. É muito comum receber um e-mail sem a predeterminação do assunto (muitos atribuem isso a escassez de tempo), contudo, a falta deste gera a impressão de descaso e, acima de tudo, de baixa relevância do tema a ser tratado.

É importante ressaltar que não é inaceitável apenas um e-mail sem título, mas também com título incoerente ou não condizente à realidade do tema que se discute. O assunto do e-mail não pode se referir a apenas uma parte específica, nem pode ser longo demais. O aconselhável é que seja uma frase ou um tópico que sintetize o que será lido nas próximas linhas.

Além de definir o tema, o título do e-mail é importante para despertar a curiosidade do leitor. Muitas pessoas apagam e-mails da sua caixa de entrada sem sequer ler, pois estabelecem filtros pelo título. Nunca deve conter citações de autores, gírias, utilização excessiva de aspas, nome de pessoas (substituir por setores ou cargos, sempre que possível) e excesso de pontos de interrogação ou exclamação (exemplo: Reunião amanhã às 10h!!!!!!!!!!!!!!!!!). Outra atitude que deve ser evitada é escrever todas as letras em caixa alta (maiúsculo) (exemplo: RELATÓRIO GERENCIAL DE VENDAS).

O título deve ser objetivo, claro e sóbrio (sem qualquer tipo de exagero). Para isso, é bom evitar também o uso abusivo de cores. Para e-mails profissionais e corporativos, essa atitude não é coerente.

Destinatário(s)

É muito comum, ao se abrir um e-mail, visualizar-se no campo *"para"* uma série de endereços e, ao se ler o conteúdo, perceber-se que o e-mail é direcionado apenas para uma pessoa. Todas as outras são apenas para ciência. O campo *"para"* deve ser preenchido apenas com as pessoas que motivaram a escrita do e-mail, ou seja, o receptor da mensagem.

No campo *"cópia"*, devem ser listadas as demais pessoas, para as quais a mensagem foi enviada apenas para ciência. O campo *"cópia oculta"* deve ser utilizado sempre que houver necessidade de informar pessoas que não estão ligadas diretamente ao assunto, nem devem ter ciência do mesmo, mas precisam de alguma forma daquela informação. Este campo é muito importante, quando falamos de e-mail de marketing ou envio de mala direta para clientes.

É preciso ter muito cuidado ao enviar e-mail promocional ou mala direta para clientes. Quando não se utiliza o campo *"cópia oculta"*, todos os envolvidos no e-mail terão acesso aos dados cadastrados e isto pode ser uma grande ameaça ao objetivo pelo qual a mensagem foi escrita.

Exemplo: E-mail enviado para base de clientes antigos, cujo objetivo é falar de uma determinada promoção, e os endereços não estão em ocultos. No meio dos clientes, existe um indivíduo que é promotor de vendas e foi contratado recentemente pela concorrência. Pela falta de cuidado no envio do e-mail, o referido consultor de vendas passa a ter toda a base de dados em questão, podendo fazer mau uso desta informação.

Corpo do e-mail

O corpo do e-mail é o objeto da comunicação ali proposta. Alguns cuidados devem ser tomados: é comprovado que e-mails longos são alvos fáceis do botão "excluir". Portanto, seja pragmático e evite textos longos e de leitura cansativa.

É sempre importante manter um nível mínimo de formalidade, começando a redigir a mensagem com o nome do destinatário (caso seja apenas um) ou utilizando palavras genéricas (exemplo: Prezado). Além disso, é interessante usar a saudação temporal (bom dia, boa tarde, boa noite).

Convém notar que, ao utilizar no início do corpo do e-mail o nome da pessoa para a qual se destina a comunicação, ele deve estar em conformidade com o campo *"para"* no cabeçalho do e-mail (exemplo: O e-mail é direcionado ao Francisco, no cabeçalho coloca-se no campo *"para"* o nome Francisco, mas se começa o e-mail com Prezado Fernando).

É importante um cuidado especial com erros de ortografia, pois eles comprometem a credibilidade. Ao finalizar, deixe uma saudação final (exemplo: Grato) e sua assinatura de e-mail. A assinatura não deve ser longa e muito menos com figuras, uma vez que isso sobrecarrega visualmente. Deve conter somente os dados básicos e necessários, além da logo da empresa, caso seja um e-mail corporativo.

Urgência e Importância

Alguns gerenciadores de e-mail têm a opção de marcar a mensagem como urgente. No entanto, o uso incorreto acaba tirando a validade deste recurso. Se todo e qualquer tipo de comunicado for enviado com o símbolo de urgência, este indicativo acaba perdendo a credibilidade, pois se torna "parte componente do e-mail".

Mensagens urgentes devem ser aquelas, cujo prazo de leitura seja igual ou menor que 24 horas. Se não for esta a realidade, o ideal é usar outro tipo de marcação. Caso o prazo seja bem apertado, é recomendável ainda ligar para o receptor para confirmar o recebimento da mensagem. É sempre importante ressaltar que o emissor é o grande responsável pela chegada da informação. O processo de e-mail não é 100% perfeito. Por isso, a transmissão pode não ter sucesso, em virtude de o endereço estar errado, ou o destinatário estar sem acesso à internet, entre outros problemas.

O que não se deve tratar por e-mail

Atualmente, é comum o uso de smartphones e celulares ligados à rede 24 horas. Com isso, o acesso ao e-mail tornou-se fácil e prático. Isso pode causar um problema sério: a perda do entendimento da função da ferramenta.

Alguns exemplos de utilização correta do e-mail:

- Formalizar um acordo comercial;
- Envio de ata ou pauta de reunião para os envolvidos;
- Comunicados oficiais da empresa;
- Divulgação de procedimentos que serão implantados;
- Envio de relatórios gerenciais.

Alguns exemplos da utilização incorreta do e-mail:

- Marcar reuniões urgentes;
- Tirar dúvidas sobre procedimentos operacionais;
- Feedback;
- Avaliação de desempenho.

O que não fazer com e-mails corporativos

Os e-mails corporativos são um caso à parte, pois existem empresas que solicitam ao usuário assinar um termo de responsabilidade, no qual constam cláusulas específicas sobre os cuidados que se deve ter com esta ferramenta. Isso se torna necessário, à medida que o nome da empresa está envolvido no processo.

As regras variam de empresa para empresa. Neste espaço, serão citadas apenas as ocorrências com maior probabilidade de gerar problemas sérios ao usuário.

- Enviar correntes para lista de contatos;
- Efetuar cadastro em sites de promoções, compras coletivas, lojas em geral;
- Trocar e-mails com assuntos pessoais (exemplo: marcar o happy hour de sexta-feira);
- Enviar fotos pessoais;
- Enviar links do *You Tube* ou qualquer outro canal com conteúdo pessoal.

É importante ressaltar que as cinco recomendações acima se aplicam a qualquer nível de organização. Contudo, ela não é inflexível.

Modelo de Priorização Sintético e Lista de Atividades Críticas

O modelo de priorização sintético compreende a elaboração de uma matriz para verificar as atividades de maior relevância no dia a dia, com o objetivo de que as mesmas recebam a devida priorização.

Para elaboração do modelo, alguns passos iniciais devem ser seguidos, tais como:

- Verificar as atividades que mais consomem seu tempo diário. Liste todas e, ao lado, coloque a causa da possível ineficiência.
- Inserir uma coluna ao lado com possíveis sugestões de melhoria para tal processo. Converse com amigos, colegas de trabalho, compartilhe a dificuldade e, por fim, verifique como transformar essa possível ineficiência em ponto forte.
- Reunir a família e fazer um brainstorming[1], caso seja um problema familiar. Se for profissional, faça o mesmo com sua equipe de trabalho.
- Registre as decisões finais, em cada gargalo identificado ao longo do processo, e coloque ao lado o prazo definido para execução.

---

[1] Jogada de ideias para busca de soluções. As ideias são lançadas sem julgamento.

	Gargalo	Melhoria	Opções/Brainstorming	Decisão Final	Prazo
Atividade 1					
Atividade 2					
Atividade 3					
Atividade 4					
Atividade 5					
Atividade 6					
Atividade 7					
Atividade 8					
Atividade 9					
Atividade 10					

Após o mapeamento inicial, pode-se levantar todas as atividades e classificá-las basicamente em dois ramos :

- Atividades **Urgentes** e **Não Urgentes**: serve para classificar as atividades que foram vislumbradas como de grande impacto temporal, uma vez que, caso não sejam realizadas em um curto espaço de tempo, haverá o comprometimento de outras atividades ou do nível de satisfação de uma forma geral.
- Atividades de **Alta Relevância** ou **Baixa Relevância**: visa a medir a importância das tarefas, no que diz respeito ao impacto de resultado. Ou seja, o não cumprimento delas (independente do tempo a ser realizado) afeta o indivíduo ou não.

Exemplo 1: Todo mês, o relatório gerencial de estoque deve ser enviado, pois, sem ele, não existe programação de compras (estamos falando de relevância; embora não haja urgência temporal, o não envio dele terá grande impacto no resultado).

Exemplo 2: Todo dia, até as 17h, os relatórios de vendas devem ser enviados por todas as unidades, pois eles serão a base de dados para o mapa de vendas a ser enviado à diretoria (estamos falando de urgência, pois o atraso no prazo definido implicará em grandes contratempos).

Dessa forma, a matriz seria elaborada de acordo com as atividades críticas identificadas e teria a seguinte apresentação (a ordem dos quadrantes é a ordem de priorização das atividades. Lembre-se que administrar o tempo não é fazer tudo, mas sim realizar tudo o que traz resultado):

	ALTA RELEVÂNCIA	BAIXA RELEVÂNCIA
URGENTE	Quadrante I	Quadrante III
NÃO URGENTE	Quadrante II	Quadrante IV

Gestão do Desenvolvimento Pessoal

É importante entender que o desenvolvimento de qualquer indivíduo está totalmente em suas próprias mãos. O corpo humano é um grande milagre e desenvolver o seu próprio intelecto é uma virtude concedida a cada um:

- Nossos pulmões bombeiam 7.600 litros/dia de oxigênio;
- Nossos ouvidos distinguem mais de 1.600 frequências diferentes;
- Nossos pés suportam até 15.000/cm² quilos quando corremos;
- 40% de toda informação que nosso cérebro recebe vêm dos nossos olhos.

O desenvolvimento pessoal, no presente século, é um grande divisor de águas, tendo em vista que a informação está disponível a todos (o nível de indivíduos com formação superior tem aumentado a cada ano). Com isso, a busca pelo desenvolvimento sólido e sustentável pode ser o grande diferencial para uma carreira consistente e uma vida estruturada.

É importante ressaltar que desenvolvimento pessoal é algo muito mais amplo do que se imagina e não engloba apenas o desenvolvimento de características pessoais, mas também sociais e profissionais.

As Desculpas – Como Eliminá-las?

Pessoas inclinadas ao sucesso são aquelas que menos buscam desculpas para situações que tenham acontecido em suas vidas. O grande segredo do desenvolvimento pessoal é substituir a busca de desculpas pela procura de oportunidades.

Estas desculpas abrangem diversas áreas da vida de um indivíduo, todavia algumas são mais comuns, como:

- Saúde – (Não me sinto bem!);
- Inteligência – (Não sou inteligente o suficiente!);
- Idade – (não tenho mais idade para isso!);
- Má sorte – (a sorte nunca está do meu lado!).

Combater as desculpas citadas acima é o grande passo para um crescimento sustentável e acima da média. Embora seja um processo relativamente simples de ser relatado, na prática, não é tão simples de ser vivido, pois tais desculpas estão atreladas às pessoas por longos anos. No âmbito empresarial, o papel da liderança é fundamental, no sentido de incentivar e prover suporte para o processo de desenvolvimento pessoal e combate às desculpas que criam uma "nuvem" de cegueira parcial em determinados indivíduos.

É óbvio que não existe uma receita pronta para eliminar estas desculpas do cotidiano. Contudo, existem seis passos que, quando seguidos à risca, reduzem substancialmente a busca pelas desculpas:

Foco no sucesso: Evitar o pensamento no fracasso; o otimismo combate a alimentação de desculpas pessimistas.

Você é melhor do que pensa que é: Essa crença deve ser sempre reforçada na mente; os homens mais ricos ou mais bem-sucedidos do mundo não são dotados de poderes sobrenaturais, mas foram pessoas que acreditaram no seu potencial acima de qualquer coisa.

Acreditar com intensidade: O sucesso é medido pela intensidade com que se acredita nas suas próprias realizações. Grandes ambições são oriundas de um processo de confiança em grandes conquistas.

Exemplos são parâmetros importantes: Busque por pessoas de sucesso na sua área de atuação, para que lhe sirvam como exemplo de crescimento e conquista.

Registre os sucessos: Anote todas as conquistas que você já teve, de forma que consiga visualizá-las. Isso servirá de estímulo constante.

Dedicação do início ao fim: É indispensável a persistência do início ao fim, acreditando-se sempre no que foi planejado e em todo o potencial acumulado.

No entanto, existem casos em que o processo de viver por meio de desculpas é tão intenso e já durou tanto tempo, que o indivíduo tem a mente cauterizada por aquela realidade. Nestes casos, torna-se importante reciclar a mente para viver uma nova era, uma nova perspectiva. Para este processo, recomendam-se outros passos, que, embora sejam parecidos com os primeiros, possuem algumas particularidades:

1. Entender a situação atual: Não existe mudança sem o entendimento e consciência de onde se encontra. Isso é possível através da autorreflexão, levando-se em conta o cenário que se apresenta. É importante levantar, neste estágio, as atitudes que geram resultados negativos.

2. Tomar decisão: Só existe mudança de cenário, quando se decide mudar. Seja específico na tomada de decisão, deixando claro as áreas e as atitudes que precisam ser modificadas e como devem ocorrer tais alterações.

3. Desenvolver atitudes mentais positivas: É o processo de validar as recompensas que serão resultantes de toda mudança a ser realizada. Acima de tudo, consiste em entender que se é capaz de mudar.

4. Use o poder da palavra: O sábio ditado diz que a palavra tem poder; portanto, deve-se usar ao máximo o poder contido nas afirmações.

5. Quadro mental positivo: Sempre que visualizar quadros futuros, procure imaginar cenas positivas e que retratem conquistas e vitórias.

6. Ação: De nada vai adiantar os cinco passos anteriores, se tudo isso não desencadear uma ação, atitude que seja prática e que provoque mudança.

Objetivos

Pessoas que alcançam resultados acima da média, tanto profissional como pessoalmente, têm algo em comum: objetivos claramente delineados e bem planejados.

O primeiro passo consiste no tópico anterior, ou seja, eliminar as desculpas. Em seguida, inicia-se a fase de mapear e definir os objetivos, que servem como alvos, para onde serão direcionados os esforços. Quando os objetivos não estão definidos ou quando estão mal definidos, ocorre uma grande perda de tempo e recursos, pelo fato de não se saber em que direção seguir.

Sobre objetivos, destaca-se que existem duas partes muito importantes a serem avaliadas: **definição dos objetivos** e **gerenciamento dos objetivos**. A primeira diz respeito ao planejamento e a segunda mostra a importância do controle na execução.

Um estudo sobre os graduados pela Yale University, de 1953, mostra um fato interessante no que se refere a objetivos no mundo empresarial e nas situações de uma forma geral. Foi perguntado aos entrevistados se tinham suas metas claras e específicas anotadas com um plano para atingi-las. Só 3% tinham tais metas anotadas. Depois de decorridos vinte anos, em 1973, os pesquisadores voltaram a entrevistar os membros sobreviventes da turma dos graduados de 1953. Descobriram que 3% valiam muito mais, em termos salariais, do que os restantes 97% postos juntos. É óbvio que esse estudo só mediu o desenvolvimento financeiro das pessoas. No entanto, os entrevistadores descobriram ainda que as medidas menos mensuráveis ou mais subjetivas, tais como o nível de felicidade e alegria que os graduados sentiam, também pareciam ser superiores nos 3% que tinham as metas escritas. Esse é o poder de determinar uma meta.

Os dez passos que serão citados abaixo compreendem o caminho crítico para sair do campo do imaginário e chegar até a realidade prática, com todas as limitações que um objetivo pode sofrer no que diz respeito a tempo, recursos, entre outros.

Liste todos os sonhos, sem restrições

Neste primeiro momento, é importante passar para o papel todos os sonhos, sem pensar no que é possível ou impossível. Pode citar, inclusive, sonhos de infância, desejos dos pais, brincadeiras de adolescência, entre outros.

Esse é o momento que se deve separar para pensar em tudo que se almeja na vida e tudo que lhe provoca sensação de autorrealização. Nesta etapa, o mais importante é registrar tudo em papel ou em documento eletrônico.

Sonhos com 1% de chance de realização podem e devem ser citados. Neste item, não serão considerados apenas sonhos com probabilidade inferior a esta, pois entendemos que seriam "devaneios".

Elimine os improváveis

Na primeira fase, o resultado será uma série de sonhos que estarão desordenados. Alguns não farão tanto sentido, se comparados a outros. Portanto, neste primeiro momento de eliminação, deve-se fazer uma análise comparativa entre os sonhos descritos, considerando três aspectos:

- Possibilidade de ocorrência
- Facilidade de ocorrência
- Relevância do sonho

Ao cruzar as três informações acima de maneira comparativa (alta, média e baixa), os sonhos estarão com uma classificação inicial. Os que tiverem mais índices de "alta" são os sonhos que são mais fáceis, de grande relevância e com boas possibilidades de ocorrer.

Neste pequeno filtro, sobrarão sonhos importantes, relativamente fáceis e com boas possibilidades de ocorrência. Isso será importante para os próximos passos.

Defina o custo necessário

Um grande limitador para a realização de um sonho acaba sendo o recurso financeiro, tendo em vista que é um bem limitado e que tem severas restrições quanto ao seu uso equivocado. Nesta fase, deve-se atribuir custos aproximados a cada sonho listado. Óbvio que, neste momento, não será possível definir custos exatos e reais, mas, com bom senso e um pouco de pesquisa, consegue-se chegar a um número que tenha boa aderência com a realidade.

A base para entender se o custo é muito fora do padrão é utilizar os rendimentos atuais como um parâmetro para verificar a aderência do custo com a realidade atual. Neste ponto, deve-se considerar a possibilidade de parcelamento para o bem a ser adquirido.

É notório que existem sonhos que não necessitam de custos para que sejam realizados. Neste âmbito, os sonhos que não representam algum tipo de custo material não sofrerão alteração nesta fase.

Elimine os improváveis

Nesta fase, os sonhos já têm um nível de seleção maior e, com o levantamento de custos, alguns deles acabam ficando para trás. Quando se fala de casa e/ou carro, é bom avaliar com calma, pois, mesmo que o rendimento atual não permita arcar com tal custo, estes tipos de empreendimentos permitem parcelamentos longos, que os tornam mais acessíveis.

É importante, no processo de eliminação, considerar as análises iniciais e não apenas um item isolado. A eliminação tem que fazer sentido como um todo, ou seja, os fatos levantados levam a acreditar na impossibilidade parcial ou total daquele sonho. Após a análise de custos e a eliminação dos incompatíveis, sobrará uma lista de sonhos que podemos chamar de **sonhos com crivo de validade**, isto é, aqueles que de fato podem se tornar reais.

Especifique os sonhos

Normalmente, os sonhos têm uma característica muito comum: a generalidade. Por exemplo: "um carro", "uma casa", "uma fazenda". Neste estágio, deve-se buscar um detalhamento profundo do sonho, de forma a torná-lo o mais palpável possível.

Especificar o sonho consiste em visualizá-lo concretizado e tentar passar para o papel a maior riqueza de detalhes possível. Por exemplo: cor, tamanho, local, intensidade, cheiro, entre outros.

Exemplos de sonhos especificados: "Desejo um carro blindado, ano 2010, câmbio automático e com custo de, no máximo, 60 mil reais"; "Desejo uma casa na zona sul do Rio de Janeiro, com dois quartos, com menos de dez anos de construção e com quarto de empregada, pelo valor aproximado de 500 mil reais."

Verifique como medir o alcance dos sonhos

Perceber que você está no caminho certo rumo ao seu sonho é altamente motivacional. Além disso, é de grande importância verificar periodicamente como está o nível de alcance dos objetivos traçados, para que ajustes necessários sejam feitos.

A pergunta, então, é: como medir? Esse é o grande passo a ser dado neste momento. Definir o que chamamos de "marcos de acontecimento". Ou seja, definir metas, ao longo do tempo, que indiquem o caminho certo e possíveis correções a serem feitas.

Exemplo: o sonho é juntar cem mil reais em cinco anos. O marco definido é juntar vinte mil por ano (desconsiderando rendimentos da aplicação). Ao definir este marco, torna-se possível acompanhar o desenvolvimento do sonho e saber se o caminho está correto ou não em direção ao que foi traçado.

Transforme o sonho em objetivo

Esse é o grande passo para realização de sonhos. Até aqui, falamos em sonhos e desejos, algo que sempre foi visualizado, mas nunca realizado. A partir deste passo, o sonho será tratado propriamente como objetivo.

É importante mudar a escrita do item. Tirar o verbo do infinitivo (normalmente está escrito neste modo) e escrever como algo realizado. Isso retrata uma mudança de percepção, onde não se vislumbra mais o que se deseja e sim o que ocorrerá. Exemplo: "comprar uma casa" mudará para "uma casa comprada em cinco anos no bairro X com Y quartos".

A partir do momento em que se tem objetivos traçados e bem delimitados, uma palavra muito importante deve ser lembrada a todo instante: foco. A existência de foco conduz pessoas limitadas a possibilidades de conquistas ilimitadas.

Verifique se é atingível

Neste nível de detalhamento do objetivo, será feito um teste de validação. Tendo em vista todos os filtros já realizados, este é o momento de fazer um teste de consistência, para alinhar a capacidade de execução do objetivo.

Deve-se juntar as especificidades dos sonhos com sua transformação em objetivos e a métrica dos mesmos, e assim validar se, após todas estas análises, continuarem demonstrando viabilidade.

Este passo até poderia ser desprezado, pois já foram feitos testes nos itens anteriores. No entanto, ele tem grande relevância, pois é a última grande validação antes da execução do plano. Além disso, é uma oportunidade única de efetuar uma análise conjunta de fatores que influenciam diretamente na realização do objetivo.

Levante a relevância dos objetivos

É de grande valia, após todo o processo de validação dos objetivos, que seja verificada a relevância de cada um.

Nesta fase, pode-se perceber que alguns objetivos são de grande complexidade e não têm uma relevância que justifique o tempo e os recursos que deverão ser aplicados nele. Objetivos com baixa relevância possuem alta dificuldade de execução, pois, de maneira geral, acabam gerando menor comprometimento e motivação do indivíduo.

Todas as vezes que objetivos traçados em um plano de ação estão em atraso, a sensação é de ineficácia. Para evitar que isso ocorra, esta fase é vital para entender que os objetivos que passarem por ela serão os que têm alta representatividade.

É importante ressaltar que a relevância varia de acordo com o propósito de vida do indivíduo. Sendo assim, um objetivo pode ser de baixa relevância para uma pessoa e de grande relevância para outra.

Revise os sonhos que foram eliminados

Após passar por todas as etapas, pode ser que algo de grande relevância tenha ficado pelo caminho. Por isso, é de vital importância que sejam revisados todos os sonhos e/ou objetivos que foram eliminados. Se forem percebidas inconsistências, ou seja, se objetivos de importância alta tiverem sido eliminados, os mesmos devem ser incluídos no plano que está sendo montado, para alcance do que foi proposto.

Após a revisão, os objetivos finais devem ser listados de forma ordenada, onde o de maior relevância aparece no início e o de menor relevância fica no final da lista.

Formalizando o Plano de Objetivos

Tendo em mãos a lista com todos os sonhos que foram transformados em objetivos, o próximo passo consiste na estruturação e formalização dos mesmos. O método de acompanhamento pode variar de acordo com as características de cada um.

Algumas sugestões:

- **Agenda Física:** Método mais tradicional para acompanhamento de tarefas pendentes ou objetivos propostos. É ideal para pessoas conservadoras ou que não são adeptas do uso de tecnologia. É recomendado, ainda, para pessoas que possuem alto poder de assimilação ao escrever.
- **Agenda Virtual:** Método relativamente novo, onde o controle é feito via notebook ou computador, através de um software adequado. Existem gerenciadores, que podem ser baixados de forma gratuita da internet, que atendem bem esta necessidade. Este tipo de acompanhamento é recomendado para pessoas que passam muito tempo do seu dia em posse do seu notebook ou computador.
- **Documento de Texto:** Trata-se também de controle digital, porém mais simples, pois os objetivos ficam registrados em documento de texto padrão e não é necessário trabalhar com um software específico.
- **Smartphones:** Com o uso crescente destes aparelhos, surge esta nova solução. Os mais desenvolvidos possuem funções semelhantes ao notebook e, para aqueles que centralizam toda a sua "vida" em um "telefone", é altamente recomendável, além de bastante acessível.

Mais importante, porém, que definir a maneira como os objetivos serão gerenciados, é entender que os dados devem ser monitorados e até mesmo estudados. Dependendo da complexidade do objetivo proposto, o número de itens a controlar pode variar. No entanto, serão abordados abaixo apenas os principais itens que farão parte do plano para realização dos objetivos:

1. Lista dos Objetivos Ordenados: É o ponto de partida. São os objetivos listados de forma prioritária, conforme definido anteriormente. Não precisa ser controlado, apenas registrado.

2. Prazo de Realização: Este item deve ser uma estimativa de término, podendo ser alterado com o passar do tempo, apesar de não se recomendar este tipo de alteração. É importante gastar tempo e energia para encontrar a estimativa mais precisa possível. É necessário controlar periodicamente este item. Recomenda-se revisar semanalmente o plano.

3. Prazo Realizado: Este item só deve ser verificado, quando o referido objetivo for efetivado. Serve apenas para comparar se a tarefa foi realizada dentro, fora ou antes do prazo. Não precisa ser controlado, apenas registrado.

4. Objetivos secundários: Devem ser visualizados como meios para alcançar cada objetivo traçado. A definição base é que a realização de todos os objetivos secundários levará o indivíduo a alcançar o objetivo principal traçado. Podem ser entendidos como as tarefas que compõem o objetivo em questão. O item precisa ser controlado e revisado periodicamente.

5. Custo: Este item já foi visto anteriormente, contudo, neste momento, deve ser depurado e validado. É de grande importância um levantamento minucioso dos custos de cada objetivo, para que impossibilidades financeiras não os descartem do plano. É recomendável criar uma planilha simples, em Excel, por exemplo, para acompanhar os gastos já feitos com cada objetivo. Esta informação deve ser desconsiderada para objetivos que não envolvam desembolso financeiro. Este item precisa ser controlado, atualizado e revisado periodicamente.

6. Marcos de aproximação: Este item diz respeito ao alcance dos objetivos secundários, ou seja, trata-se de uma gestão mais no curto prazo. Deve-se inserir o percentual de realização de cada objetivo secundário, para que se tenha noção do nível de finalização em que se encontra o referido objetivo. Deve ser controlado, atualizado e revisado periodicamente.

Os itens descritos acima são os básicos para que se exerça a gestão dos objetivos definidos. O usuário tem liberdade para acrescentar itens que julgar interessantes, mas não é recomendável retirar os aqui mencionados.

	Objetivos	Prazo	Prazo Realizado	Objetivos Secundários	Custos	Marcos de Aproximação
Prioridade 1						
Prioridade 2						
Prioridade 3						
Prioridade 4						
Prioridade 5						
Prioridade 6						
Prioridade 7						
Prioridade 8						

Dos seis itens citados como críticos, nem todos precisam ser revisados periodicamente. Para efetuar uma gestão efetiva do que realmente traz resultado, atente para a lista abaixo:

Objetivos	*Apenas Registro*
Prazo	*Registro e Revisão Contínua*
Prazo Realizado	*Apenas Registro e Revisão Final.*
Objetivos Secundários	*Registro, Controle e Revisão Contínua.*
Custos	*Registro e Controle Contínuo*
Marco de Aproximação	*Registro, Controle, Revisão e Atualização Contínua.*

Definindo o Plano de Vida (Planejamento Estratégico)

Boa parte das organizações, na atualidade, utilizam a metodologia do planejamento estratégico para definir suas ações, sobretudo no que diz respeito ao futuro de curto, médio e longo prazo. Para definir estes itens na vida pessoal, é recomendável que seja utilizada a mesma metodologia, baseada nestes pilares e princípios. O planejamento estratégico pessoal diz respeito ao caminho crítico que se deve traçar para alcançar os resultados esperados.

A formulação da estratégia de vida e carreira começa com a definição dos itens que vão compor o que chamamos de **identidade pessoal** (dentro de uma empresa, recebe o nome de **identidade organizacional**). Estes itens são: Missão, Visão, Valores e Crenças, e Negócio (para o âmbito pessoal, substituir o último por Foco).

Abaixo, serão definidos e entendidos estes principais conceitos, de forma a torná-los práticos e acessíveis ao leitor para o seu desenvolvimento.

Negócio/Foco

O foco está muito ligado ao propósito geral do indivíduo, mas não deve ser confundido com a missão, que é mais ampla. Dentro de organizações, a definição do foco é substituída pela definição do negócio, onde é determinado o posicionamento da empresa em relação ao ambiente e a abrangência em que a mesma deve atuar.

No âmbito pessoal, o foco diz respeito ao sentido macro que o indivíduo quer dar a sua vida. Ele deve estar perfeitamente alinhado com a missão. A missão de vida pode ser a extensão e a especificação do foco que foi atribuído. Pode-se definir o foco como sendo uma palavra que norteia todas as outras definições.

Algumas palavras que norteiam muito bem um foco podem ser:

- Conquistar;
- Ajudar;
- Cooperar;
- Liderar.

Missão

É a razão da existência do indivíduo, aquilo pelo qual o mesmo aspira e vive. A missão direciona todos os esforços do indivíduo, no sentido do alcance daquilo que foi definido.

A missão deve ser abrangente, do ponto de vista de contemplar todas as áreas de interação de um ser humano: sentimental, pessoal, financeira, entre outras. Algumas perguntas conseguem direcionar bem o que deve ser feito, no que diz respeito à missão:

- Fazer o quê?
- Para quem?

- Onde?
- Como?
- Com que finalidade?

Ao responder estas cinco perguntas, será possível definir a missão de forma abrangente e objetiva. A missão deve ser revista periodicamente, de forma a torná-la o mais efetiva possível.

Visão

É a imagem central de onde se deseja chegar. Pode ser classificada como um estado de futuro ambicioso, que é desejado pelo indivíduo, de forma que o mesmo direcione seus esforços para conseguir alcançá-la.

A visão deve ter um poder diferenciado sobre o indivíduo, de maneira a inspirá-lo e motivá-lo a realizar o que definiu alcançar. Ela deve ser clara, envolvente e de fácil memorização. É importante, ainda, que esteja alinhada com os princípios, crenças e valores de vida do indivíduo.

A visão precisa estar alinhada com aquilo que o indivíduo entende que é item de satisfação no seu projeto de vida e sempre exposta de forma positiva. Deve ser encarada como um desafio, com certo grau de complexidade, mas nunca ser vislumbrada como impossível, pois isso gera descrédito e falta de comprometimento com a visão.

Segundo Joel Barker, *"Visão sem ação não passa de um sonho. Ação sem visão é só um passatempo. Visão com ação pode mudar o mundo"*. Esta frase resume bem a importância de se definir a visão no planejamento estratégico pessoal.

Certa vez, perguntaram a Michelangelo como ele conseguia desenvolver esculturas tão belas e de bom gosto. Este era um grande questionamento da época e, para surpresa de todos, a resposta foi: *"Eu pego um bloco de pedra... e a estátua já está dentro; eu só tiro o excesso"*. Isso é ter uma visão clara.

O quadro abaixo resume as características essenciais de uma boa visão:

> É o que se sonha para a vida.
>
> É o "passaporte" para o futuro.
>
> É aonde vamos.
>
> Projeta "quem desejamos ser".
>
> Energiza a vida.
>
> É inspiradora.
>
> Focaliza no futuro.
>
> É mutável conforme os desafios.

Valores e Crenças

Valores e crenças são as convicções que se tem como base de vida e que foram reforçadas durante toda a existência do indivíduo. São as normas e padrões que regem as ações e comportamentos, induzindo o indivíduo para determinada direção.

É necessário que sejam diretas e poderosas, de forma a transmitir um estilo de vida. Devem ser totalmente íntegras e reais; os valores e crenças não devem ser elaborados para criar frases de efeito ou ficar bonito no "mural"; eles precisam fazer sentido e ter um poder de motivar e agregar valor.

Não é recomendável que exista uma lista extensa de crenças e valores; o ideal é que sejam, no mínimo, três e, no máximo, seis itens, para melhor assimilação e retração de uma realidade prática do que é vivido.

Para a elaboração correta das crenças e valores que regem a vida de um indivíduo, é recomendável refletir acerca de duas colocações:

- Quais os valores não estaríamos dispostos a mudar ou descartar, se o meio do qual fazemos parte assim o exigisse – mesmo que este ambiente deixasse de nos recompensar por seguirmos estes valores, talvez até nos penalizando?
- Quais os valores seriam mutáveis ou descartáveis, caso o meio não mais os favorecesse?

Exemplos de crenças e valores:

- Honestidade;
- Transparência;
- Ética;
- Determinação;
- Excelência;

Após a criação da identidade pessoal, é importante a análise do ambiente externo, ou seja, como estão os demais profissionais, como estão as pessoas em termos de comportamento e como o mundo está sendo movimentado por tendências e tecnologias. A vida de um indivíduo é influenciada por diversos fatores externos (política, economia, sociedade, entre outros) e é necessário que o mesmo esteja constantemente antenado com todos os acontecimentos, para que possa se antecipar a possíveis riscos e aproveitar oportunidades.

Na análise de cenários externos, serão contemplados essencialmente aqueles que exercem grande impacto na vida pessoal e profissional de um indivíduo, de forma a alterar suas prioridades ou possibilidades de conquista.

Cenário Econômico:

- Inflação;
- Variação cambial
- Importação;
- Exportação;
- Crescimento setorial;

Cenário Social:

- Qualidade de vida;
- Desenvolvimento pessoal;
- Questão trabalhista;
- Violência urbana.

Cenário Político:

- Privatização;
- Eleições;
- Intervenção do estado na economia;
- Aprovação de códigos.

Cenário Tecnológico:

- Maquinário;
- Telecomunicações;
- Informática.

Cenário Setorial (pode ser o setor em que se atua ou o que se pretende atuar):

- Modismo;
- Perfil do consumidor;
- Concorrentes;
- Serviços;
- Variação de preços.

Após a análise externa concluída, deve-se iniciar a análise interna, com o objetivo de que as duas sejam uma base sólida para a definição das metas principais e globais, que vão nortear todos os esforços no sentido de realizar o planejado.

Pontos Fracos:

- Aspectos comportamentais;
- Limitações;
- Aspectos psicológicos;
- Questões técnicas.

Pontos Fortes:

- Capital intelectual;
- Conhecimentos;
- Habilidades;
- Atitude.

Com o término das análises, deve-se mensurar as metas globais ou gerais. É importante que sejam metas claras e específicas, que tenham prazos bem definidos e que possibilitem medição periódica.

Com as metas bem definidas, serão traçadas as ações estratégicas, ou seja, tudo aquilo que deve ser feito para a realização do que foi estabelecido como vital e que será medido regularmente. Os principais dados que devem ser definidos são:

Resultados Esperados:

- Concretos;
- Quantitativos (principalmente) e Qualitativos;
- Alinhados com a missão e a visão;
- Não podem infringir as crenças e valores;
- A base do resultado é o foco de vida.

Escopo:

- Atividades dentro do programado;
- Atividades fora do programado;
- Atividades críticas (essenciais);
- Atividades secundárias.

Prazo:

- Alcançável;
- Desafiador;
- Mensurável;
- Específico.

Recursos:

- Financeiros;
- Espaço físico (se necessário);
- Humanos (se necessário);
- Equipamentos (se necessário).

Riscos:

- Riscos de insucesso;
- Plano de ação para riscos;
- Plano para minimizar os riscos.

Contingência:

- Elaborar plano para cada risco verificado;
- Elaborar sugestões alternativas.

Métricas:

- Índices quantitativos;
- Índices qualitativos;
- Todas as metas pessoais precisam ser monitoradas.

Marcos de Realização:

- A cada passo dado rumo à realização da meta, deve ocorrer um marco;
- São metas desdobradas ou metas secundárias, onde a soma delas leva à meta maior.

Por fim, é importante fazer uma adequação de cada atividade que será desenvolvida ao orçamento pessoal (ou familiar, se for o caso), pois limitações financeiras podem impedir a realização das ações pretendidas e o alcance das metas definidas.

3

Cal ou Tinta?

Neste capítulo, o leitor será conduzido a uma reflexão plena, que lhe permitirá entender em que nível de maturidade e evolução se encontra, baseada nas metodologias que foram explicitadas nos capítulos anteriores e que denominamos de "base da liderança próspera".

Para o entendimento deste nível de profundidade e maturidade, será demonstrada a comparação entre a **cal** e a **tinta**. Tais elementos servirão de base comparativa entre aqueles indivíduos que aplicam os conceitos da pirâmide da liderança e os que não aplicam. Serão explicitadas as propriedades dos dois elementos (cal e tinta) para posterior comparação e aplicação prática de tais conceitos.

Propriedades da Cal

Para efeito do estudo comparativo deste livro, será dado foco à utilização da cal como elemento que auxilia o processo de pintura, embora a mesma tenha outras utilidades, que serão citadas, porém não averiguadas de maneira específica e investigativa.

O processo de produção da cal é simples, contudo, bem delimitado em suas etapas. O início do processo se dá na extração de rochas carbonatadas. Para os casos em que são extraídas rochas carbonatadas de calcário, é necessária a utilização do calor para decompor o carbonato de cálcio, conforme equação abaixo:

$$CaCO_3 + calor = CaO + CO_2, \text{ onde:}$$

$CaCO_3$ = carbonato de cálcio
CaO = óxido de cálcio
CO_2 = dióxido de carbono

A cal obtida do processo acima ainda não está pronta para o uso (trata-se da cal virgem), pois ainda deve ser misturada com água (quando o processo de moagem tem início). O produto desta interação é a cal hidratada (hidróxido de cálcio), conforme equação abaixo:

$$CaO + H_2O = Ca(OH)_2, \text{ onde:}$$

CaO = cal
H_2O = água
$Ca(OH)_2$ = cal hidratada

A partir da formação da cal hidratada, ela passa a ser comercializada em forma de pó seco em embalagens de 20 quilos, podendo variar de acordo com sua composição química:

CH-I

- Formação: essencialmente hidróxido de cálcio;
- Formação alternativa: hidróxido de cálcio e hidróxido de magnésio misturados;
- Teor de gás carbônico: igual ou menor que 5%.

CH-2

- Formação: mistura de hidróxido de cálcio, hidróxido de magnésio e óxido de magnésio;
- Teor de gás carbônico: igual ou menor que 5%;
- Limites: não há limites para os teores de óxidos não hidratados.

CH-3

- Formação: mistura de hidróxido de cálcio, hidróxido de magnésio ou óxido de magnésio;
- Teor de gás carbônico: igual ou menor que 13%.

A cal hidratada e a cal virgem são os tipos mais utilizados no mercado brasileiro. A cal virgem pode ser classificada em:

- Cal virgem cálcica;
- Cal virgem magnesiana;
- Cal virgem dolomítica;

Já a cal hidratada, que é um pó branco resultante da combinação da cal virgem com água, pode ser classificada como:

- Cal hidratada cálcica;
- Cal hidratada magnesiana;
- Cal hidratada dolomítica.

No Brasil, existem cerca de 200 produtores de cal distribuídos em todas as regiões do país, com uma produção que vai de uma a mil toneladas por dia. A utilização deste produto é bem variada, podendo atingir diferentes segmentos, conforme visto abaixo:

1. Indústrias:

- Alumínio (utilizado para regenerar a soda);
- Celulose e papel (além de regenerar a soda cáustica, serve para branquear as polpas de papel);
- Tintas (pigmento e incorporante de tintas à base de cal fazendo as caiações);
- Siderúrgicas;
- Cerâmica;
- Petróleo;
- Couro;

- Etanol;
- Produtos farmacêuticos;
- Biogás.

2. Alimentação:

- Açúcar;
- Engorda de suínos;
- Doce em compota.

3. Diversos:

- Tratamento de água;
- Estabilização dos solos;
- Obtenção de argamassas;
- Fabricação de blocos para construção;
- Misturas para asfaltos;
- Proteção às árvores;
- Desinfetantes de fossas.

O foco desta obra reside na utilização da cal para pintura de superfícies. Sendo assim, serão aprofundadas questões e características inerentes ao uso da cal neste âmbito. O processo de pintura com a utilização da cal tem o nome de **caiação**. Para realizar a caiação, é necessária a mistura da cal com água em princípio. É possível utilizar produtos para melhor fixação, bem como corantes para alterar a cor originária. É possível misturar a cal, ainda, com o cimento, para melhorar seu poder de fixação.

A grande vantagem da utilização da cal como pintura é o baixo custo. Outro ponto interessante é que ela não forma bolha ou descola em paredes com alto grau de umidade.

Para utilizar a cal, é importante que a maior preocupação não seja a aparência ou a capacidade de lavar a superfície constantemente, pois estas não são suas principais características. Em regiões do interior, o seu uso é mais comum, em função da existência de um padrão mais simples. Em obras de maior valor, a cal é utilizada para pintar subsolos ou áreas em que não haja tanto convívio social ou trânsito de pessoas.

É importante ressaltar que a cal utilizada para pintura é muito mais fina que as outras. É importante que seja escolhida a cal correta para que não ocorram problemas.

Os principais problemas da utilização da cal na pintura são:

1. **Fixação:** A cal por si só não garante boa fixação na superfície aplicada. É necessário o uso de cola e/ou fixador. Caso estes complementos não sejam utilizados ou a medida não for adequada, existe grande risco da pintura ser desfeita.

2. **Variedade de cor:** Para que se possa produzir a cor desejada na pintura, deve-se inserir bisnagas de corantes à cal e, mesmo assim, em muitos casos, o efeito não fica como o esperado por alguns fatores:

    a. A cor desejada, em muitos casos, é obtida apenas através da mistura de várias cores diferentes, o que dificulta a precisão do processo;

    b. Caso haja preparação da cal com corante e fixador, o resultado, após aplicação, fica mais claro do que o esperado. Muitas vezes, isso gera retrabalho.

3. **Problemas na lavagem:** O nível de resistência da cal é bem menor que o da tinta e, por isso, não é recomendada a lavagem contínua das superfícies pintadas com cal.

4. **Impermeabilidade:** A cal não apresenta grande resistência à ação da água e seus agentes.

Propriedades da Tinta

Ao contrário da cal, a tinta possui grande impermeabilidade à água. Suas propriedades são adesivas, ou seja, a tinta adere rapidamente à superfície sobre a qual foi aplicada. A espessura desta camada dependerá da quantidade aplicada. Ela também continua estável em qualquer variação de temperatura (baixas ou altas ao extremo), além de resistir à radiação solar.

De forma geral, as tintas possuem a seguinte composição:

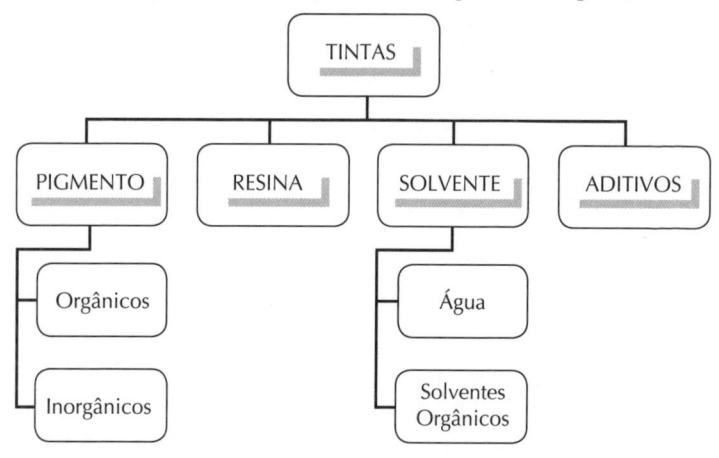

```
                        TINTAS
          ┌───────────┬──────────┬──────────┐
      PIGMENTO     RESINA    SOLVENTE   ADITIVOS
        │                        │
    Orgânicos                  Água
        │                        │
    Inorgânicos              Solventes
                             Orgânicos
```

Boa parte do uso das tintas ocorre no setor imobiliário. Isso se deve ao excelente momento do país, no que diz respeito à expansão e aumento da circulação da renda. No quadro abaixo, são expressos tais número em milhões de litros (considerando apenas o Brasil).

Produção em 2009

VOLUME (MILHÕES DE LITROS)					
ANO	Imobiliária	Repintura	Ind. Automotiva	Ind. Geral	TOTAL
2009	982	47	46	157	1.232
2008	975	49	48	171	1.243
2007	800	45	42	158	1.045
2006	741	40	40	147	968
2005	722	40	39	141	942
2004	701	37	37	138	913
2003	662	34	31	133	860
2002	663	33	30	131	857
2001	654	32	30	127	843
2000	653	30	28	119	830

A tinta tem empregabilidade nas mais diversas superfícies e possui grande diversidade em possibilidades de apresentação. Serão relatadas abaixo algumas funções específicas da mesma:

1. Alvenaria:

- Evitar esfarelamento do material;
- Evitar absorção de sujeira;
- Não permitir retenção da água da chuva;
- Evitar o surgimento de mofo;
- Distribuir a cor;
- Prover brilho e luminosidade aos ambientes.

2. Madeira:

- Servir como agente de decoração;
- Evitar problemas com umidade;
- Evitar o surgimento de rachaduras.

3. Metal não ferroso:

- Prolongar a vida do alumínio;
- Prolongar a vida do sistema de galvanização.

4. Metal ferroso:

- Solução para evitar ou controlar a erosão.

5. PVC:

- Não serve essencialmente para proteção;
- Item de decoração;
- Sinalização;
- Utilizado como item de segurança.

A efetividade da tinta aplicada dependerá, essencialmente, da superfície sobre a qual a mesma foi utilizada, sobretudo no que diz respeito aos itens abaixo:

- Permeabilidade
- Porosidade
- Resistência a radiações
- Plasticidade
- Fragilidade
- Reatividade Química

O quadro abaixo mostra o resumo do que foi explicado acima e, na sequência, são relacionados os tipos de tinta existentes.

Propriedades	SUPERFÍCIES		
	Alvenaria	Madeira	Metais
Porosidade	Alta	Alta	Nula
Permeabilidade	Alta	Alta	Nula
Reatividade química	Média	Baixa	Muito alta p/ metais ferrosos
Resistência a radiações solares	Alta	Baixa	Alta
Característica básica peculiar	Alcalinidade	Higroscópica	Sensibilidade à corrosão

Propriedades de diversas superfícies
Fonte: Pintura na Construção Civil. (Autor: Eng.º Adolphe Braunstein)

```
                    ┌─────────────┐
                    │  TIPOS DE   │
                    │   TINTAS    │
                    └──────┬──────┘
              ┌────────────┴────────────┐
        ┌─────┴─────┐             ┌─────┴──────┐
        │   BASE    │             │    BASE    │
        │  RESINA   │             │  CERÂMICA  │
        └───────────┘             └────────────┘
```

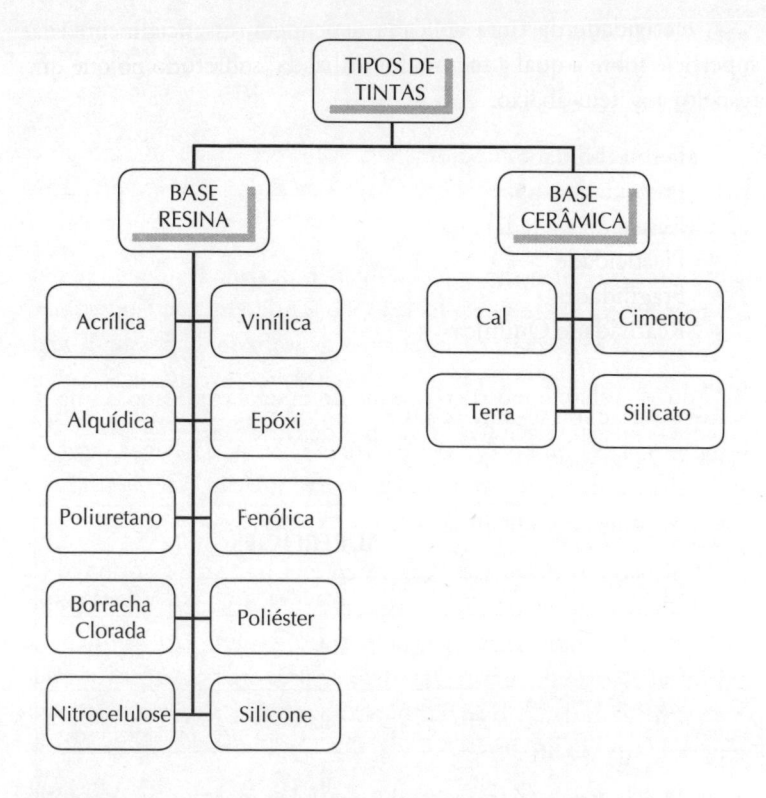

- Acrílica / Vinílica
- Alquídica / Epóxi
- Poliuretano / Fenólica
- Borracha Clorada / Poliéster
- Nitrocelulose / Silicone

- Cal / Cimento
- Terra / Silicato

Comparativo Pirâmide de Gestão

A explicação das propriedades básicas da cal e da tinta serve para o entendimento de como estes dois itens podem funcionar como parâmetro para diferenciar dois tipos de profissionais que existem no mercado de trabalho e que são facilmente perceptíveis.

As propriedades de utilização e composição destes dois itens trazem grandes lições para reflexão dentro dos três conceitos acerca da pirâmide da gestão. O profissional **Cal** tem um tipo de comportamento em relação aos itens da pirâmide, enquanto o profissional **Tinta** possui comportamento bem diferente. O objetivo desta comparação não é rotular um indivíduo por suas atitudes, mas sim levar a uma reflexão sobre comportamentos, que são fatores críticos para se alcançar sucesso e desenvolvimento.

Para um melhor entendimento desta diferença, serão expostas as características essenciais de cada perfil, de acordo com as premissas da pirâmide.

O profissional **Cal** assemelha-se às propriedades deste componente, ou seja, possui baixa fixação, no sentido de não fincar raízes profissionais e pessoais. Além disso, este profissional possui dificuldade em aumentar seu mix de conhecimento para alcançar a multidisciplinaridade. Assim como a cal, que não consegue propiciar uma variedade muito grande de cores, este profissional também vive em um universo limitado de oportunidades. Ele mesmo cria crenças limitantes, que impedem sua expansão.

Profissionais de sucesso certamente já passaram, ao longo da sua trajetória, por grandes tempestades e situações de extrema provação. Mesmo assim, permaneceram firmes. Profissionais do tipo Cal não têm esta característica, pois não possuem grande "impermeabilidade", ou seja, não apresentam alto grau de resistência a fatores externos.

A reciclagem e o aprendizado contínuo são marcas de profissionais bem-sucedidos, contudo, esse não é o foco do profissional Cal. Assim como a cal, cujo uso não possibilita lavagens constantes, estes profissionais não têm por hábito uma busca contínua de novas teorias e tecnologias.

Para uma análise mais profunda, segue uma avaliação do profissional Cal e depois do profissional Tinta, sob a ótica da pirâmide da gestão.

Profissional Cal X Gestão Emocional

A gestão emocional está fundamentada em algumas bases importantes, como a capacidade de gerar empatia, as habilidades sociais, o autocontrole, entre outras, que têm foco no equilíbrio do ser humano em todos os aspectos de sua vida.

Para obter relacionamentos duradouros, é muito importante a flexibilidade. Afinal, lidaremos com um número muito grande de pessoas com diferentes criações, personalidades e níveis de cultura. O profissional Cal não entende esta importância e, acima de tudo, não reconhece que precisa se adaptar a este público.

O fato deste profissional não apresentar grande índice de adaptabilidade implica diretamente no baixo aproveitamento da sua rede de relacionamentos. Ele acaba tendo problemas sérios de relacionamento, por não ter capacidade de entrar no mundo dos demais participantes do seu convívio pessoal e profissional. Ter baixa flexibilidade na gestão emocional o impede de obter um cargo de liderança eficaz, já que uma das grandes competências da liderança é ser agregador para propiciar um bom trabalho em equipe. Com baixa flexibilidade, torna-se impossível administrar conflitos.

O profissional Cal tem dificuldades em impor seu estilo de liderança, porque não consegue prover engajamento dos seus colaboradores, muito em função da sua baixa capacidade de adaptar-se a estilos de convívio pessoal diferentes.

A dificuldade de reciclagem e aprendizado contínuo deste profissional dificulta o seu relacionamento com os demais. A cada dia, existem mais ferramentas de gestão de pessoas, que facilitam o processo de liderança e treinamento. No entanto, não é parte do perfil deste profissional esta busca incessante. Ele acaba sendo marcado pela baixa profundidade, ou seja, não procura conhecer pessoas a fundo, de forma a contribuir com o seu processo de desenvolvimento. Com isso, não consegue deixar a sua marca na organização. Até consegue realizar tarefas interessantes, mas nada que eleve o nome dele à condição de um desempenho diferenciado.

Ações com resultado duradouro não são o foco deste profissional. Normalmente, suas ações, no que diz respeito a relacionamentos interpessoais, são mais voltadas para o curto prazo e o imediatismo. É comum que, na primeira dificuldade, pense em desistir do seu próprio projeto.

No âmbito da gestão emocional, o profissional Cal apresenta as seguintes particularidades, quando atua em cargos de liderança:

- Baixa aderência com a equipe;
- Pouco engajamento com os funcionários;
- Nível de empatia baixa;
- Comprometimento da motivação do grupo;
- Baixo senso de cobertura;
- Problemas na administração de conflitos;
- Desenvolvimento insuficiente da equipe;
- Poucas conquistas sustentáveis;
- Avaliação de desempenho superficial;
- Pouco treinamento.

Quando o profissional Cal não está em cargos de liderança, as características de sua atuação são um pouco diferentes:

- Problemas de relacionamento com a equipe;
- Insubordinação à liderança;
- Dificuldade em concluir os projetos que começa;
- Baixa resistência a situações de alta pressão;
- Carreira com crescimento pouco sustentável.

Profissional Cal X Gestão do Tempo

A gestão eficaz do tempo tem algumas premissas básicas, que devem ser identificadas e seguidas. Saber dizer "não" é uma característica importante para que se foque naquilo que é prioridade, ou seja, que gera resultados em curto, médio ou longo prazo.

O profissional Cal tem dificuldades em administrar sua agenda, tendo em vista que não possui flexibilidade para conseguir alocar todos os eventos e compromissos dos quais deve participar. Com isso, acaba recusando convites ou oportunidades únicas, simplesmente pelo fato de não querer alterar sua agenda ou rotina.

Administrar o tempo precisa ser um ato contínuo, pois, diariamente, somos submetidos a todo tipo de situação, o que pode tirar o foco do que realmente merece atenção e dedicação. Nesse âmbito, o profissional Cal tem dificuldade de tornar isto uma rotina frequente e contínua. Acaba fazendo uma agenda mensal ineficaz, que não revisa periodicamente, deixando de realizar adequações e alterações importantes.

Realizar a gestão do tempo demanda uma mudança cultural drástica, para que sejam vistos os efeitos no dia a dia. O profissional Cal não é muito adepto de mudanças profundas, mas sim de mudanças superficiais, que não possuem grande sustentação. Gerenciar o tempo de forma eficaz requer constância neste propósito e é inaceitável que qualquer crise ou dificuldade faça o indivíduo abrir mão do seu planejamento diário e mensal. O profissional Cal não possui a característica de permanecer e insistir no propósito. Ao contrário, costuma abandonar o projeto diante das primeiras dificuldades.

Ter foco na formulação de um e-mail e esmiuçar o assunto ao máximo para evitar problemas de comunicação não é uma característica presente neste funcionário. Isso acaba gerando grande perda de tempo e retrabalho no processo de comunicação.

Conduzir uma reunião de maneira democrática, deixando os debates fluírem de forma natural, é extremamente positivo. O profissional Cal, porém, prende-se a uma única visão e não tem flexibilidade para entender que existem outros pontos de vista que podem ser interessantes.

No âmbito da gestão do tempo, o profissional Cal possui as seguintes características dominantes no exercer de uma posição de liderança:

- Não consegue visualizar um cronograma de longo prazo;
- Enxerga apenas projetos de curto prazo;
- Não tem profundidade nas avaliações de desempenho;
- Tem baixo poder de priorização das atividades críticas do setor;
- Atrasa tarefas importantes, enquanto outras irrelevantes estão dentro do prazo;
- As reuniões que conduz são ineficazes;
- Escrevem e-mails incompletos ou com informação insuficiente para a comunicação;

As características dominantes deste profissional quando não está exercendo cargos de liderança, mas sim de alta subordinação, podem ser definidas como:

- Problemas de organização de tarefas;
- Problemas em priorizar atividades;
- Dificuldade em dimensionar o tempo de cada atividade;
- Comprometer-se com o que não pode executar;
- Tarefas em atraso.

Profissional Cal X Gestão do Desenvolvimento

O desenvolvimento pessoal é o grande diferencial de mercado entre indivíduos que disputam uma vaga ou querem crescer dentro de uma organização. A competitividade é alta e não permite que pessoas vivam estagnadas ou sem reciclagem contínua. O profissional Cal tem uma grande restrição neste quesito. Assim como a cal não é tão resistente às chuvas, este profissional não consegue resistir à competição do mercado e a consequente pressão que isso traz para sua carreira.

Definir objetivos reais e alcançáveis são premissas básicas do desenvolvimento pessoal. Contudo, este profissional tem sérias limitações neste âmbito, pois não consegue traçar objetivos de forma consistente ou sustentáveis ao longo dos anos. Normalmente, planejam objetivos superficiais e que foram instituídos sem nenhum estudo prévio.

Se passar por vítima ou procurar desculpas para não realizar o que precisa ser feito são problemas sérios para quem busca o desenvolvimento pessoal. O profissional Cal apresenta dificuldades em determinar um foco e persistir nele até o fim, sem olhar para as consequências ou problemas.

Tem dificuldade em elaborar um plano estratégico de vida, já que se trata de algo que requer um pensamento criterioso acerca do futuro para os próximos anos. O plano de vida precisa ter uma base sólida e confiável para que seja executado de forma eficaz e isso não é uma característica dominante nestes indivíduos.

É obvio que, em um plano de carreira de médio e longo prazo, ocorrerão muitas "chuvas", ou seja, situações que elevarão o nível de estresse e pressão ao máximo e exigirão do indivíduo muita inteligência emocional.

O desenvolvimento deve ser compreendido de forma ampla e alcançar as diversas áreas da vida do indivíduo:

- Desenvolvimento pessoal
- Desenvolvimento profissional
- Desenvolvimento intelectual

Ao assumir um cargo de liderança, o profissional "cal" apresenta as seguintes características, no que diz respeito à gestão do desenvolvimento:

- Equipe focada em projetos pessoais de curto prazo;
- Desenvolvimento da equipe abaixo do esperado;
- Falta de ambição nas metas globais do setor;
- Currículos abaixo do esperado;
- Falta de especialização e desenvolvimento para as funções exercidas;
- Plano de carreira inexistente (se houver, não contempla períodos mais longos);
- Inexistência de um plano de investimento para cursos, especializações etc;
- Problemas de comunicação com a visão da empresa.

Ao atuar em uma organização em cargos que não demandem estilos de liderança, o profissional Cal possui as seguintes características dominantes:

- Ocupa a mesma posição hierárquica na empresa por muitos anos;
- Sem busca por graduação, especialização, cursos etc.
- Carreira mal definida;
- Missão de vida não definida;
- Falta de foco profissional (onde quer ir, como quer ir, quando quer ir);
- Sem perspectivas na carreira dentro da organização e no mercado de uma forma geral.

Profissional Tinta X Gestão Emocional

Conforme foi dito anteriormente, a gestão emocional se baliza em pilares muito importantes no comportamento de um indivíduo: capacidade de interação, habilidades sociais, construção de relacionamentos, autocontrole, empatia, entre muitos outros.

O profissional Tinta possui grande resistência a diversos tipos de situações e pressões, assim como a tinta que é resistente à água e ao sol. No âmbito da gestão emocional, isto é muito importante para manter relações duradouras e, sobretudo, propiciar um aumento do autocontrole, evitando brigas, conflitos e problemas de equipe.

Assim como a tinta, que possui propriedade de alta fixação, este profissional também tem esta característica, o que faz com que sua gestão emocional apresente um maior equilíbrio, sem tantas oscilações de humor, o que gera previsibilidade em seu comportamento, fator positivo para o convívio em grupo. Ele consegue ainda suportar bem diferentes tipos de cenários e situações de alto estresse.

As emoções influenciam diretamente no comportamento que, por sua vez, tem também atuação direta na produtividade de cada indivíduo. Por isso, é de grande valia saber exercer o autocontrole e buscar harmonizar as relações, de maneira a construir um bom ambiente de convivência. O profissional Tinta tem predileção por buscar relacionamentos duradouros e profundos, que venham enriquecer sua rede de contatos. Para isso, ele procura sempre manter contato e desenvolver empatia, a fim de criar um canal aberto de comunicação.

Ao assumir cargos de liderança, o profissional Tinta tem alguns atributos específicos, no que diz respeito à gestão emocional, tais como:

- Busca constantemente o engajamento da equipe com as metas;
- Gera empatia com clientes e fornecedores;
- Desenvolve uma rede de relacionamentos forte e duradoura;
- Investe maciçamente no relacionamento interpessoal;
- Busca o comprometimento da equipe em todas as suas ações;
- Procura trabalhar em um ambiente com alto grau de motivação;
- Gerencia conflitos de forma eficaz e contínua;

- Treina a equipe para atuar com senso de cobertura;
- Investe em treinamento e desenvolvimento;
- Avalia profunda e constantemente o desempenho de sua equipe;
- Dá feedback contínuo.

Ao atuar em cargos que não exerçam liderança, os profissionais do tipo Tinta apresentam as características abaixo:

- Bom relacionamento com a equipe;
- Relação harmoniosa com a liderança;
- Busca constante pelo desenvolvimento de boas relações com clientes, fornecedores e parceiros;
- Foco na conclusão de projetos com boa capacidade de execução;
- Alto poder de superação em situações de crise intensa;
- Bom autocontrole.

Profissional Tinta X Gestão do Tempo

A gestão do tempo está presente na vida de qualquer indivíduo, seja no âmbito pessoal ou profissional. Gerenciar melhor um recurso tão escasso como o tempo se torna um diferencial competitivo e uma habilidade importante para o dia a dia.

Gerenciar o tempo requer disciplina e constância. Administrar bem um dia e deixar os outros pendentes não é uma atitude louvável. É importante a luta diária e a conquista passo a passo. Deve-se dominar o tempo e não ser refém dele. Na rotina diária, é necessário resistir às mais diversas tentações que acabam roubando o tempo. O profissional Tinta possui grande resistência a tais influências externas e tem bom foco em não desperdiçar o tempo que possui.

Não basta definir a agenda; é preciso cumpri-la. Essa rotina deve ser incorporada ao ciclo diário do indivíduo. Sob esta ótica, o profissional Tinta tem um bom poder de aderência a tais rotinas, possuindo boa capacidade de assimilar e seguir à risca um planejamento constante do tempo.

Ao assumir cargos de liderança em organizações ou em qualquer tipo de convívio social, o profissional Tinta possui as características abaixo:

- Tem vocação e preferência por projetos de longo prazo;
- Estipula metas e cronograma com base em conquistas de longo prazo;
- Vive o cenário atual, mas não perde projetos futuros de vista;
- Cria agenda diária para sua equipe;
- Acompanha de perto a execução dos trabalhos, no que diz respeito a prazo;
- Mantém seu espaço interno organizado;
- Reuniões possuem pauta (preparação) e ata (registro do que foi discutido);
- Escreve e-mails completos, buscando otimizar o processo de comunicação;
- Trabalha por priorização, entendendo que não é possível fazer tudo ao mesmo tempo;

Ao atuar em outras posições que não envolvam liderança, o profissional Tinta possui as seguintes especificações, no que diz respeito à gestão do tempo:

- Tarefas organizadas e priorizadas de acordo com o prazo para execução;
- Espaço de trabalho organizado;
- Tempo para atividades corretamente dimensionado.
- Comprometimento com o prazo proposto.

Profissional Tinta X Gestão de Desenvolvimento

O que caracteriza um indivíduo voltado para o desenvolvimento pessoal constante é a persistência. A caminhada é bastante espinhosa e, em muitos momentos, desanimadora. É importante enxergar o todo deste processo e se motivar ao entender que é necessário percorrer todo este caminho para se chegar aos objetivos definidos.

Para determinar o planejamento estratégico da sua própria vida, é preciso manter um equilíbrio constante e, principalmente, não ter uma grande variação no que diz respeito a propósitos e objetivos de vida. O profissional Tinta possui resistência alta a problemas externos que possam tirar seu foco dos objetivos pessoais e profissionais que foram traçados. A determinação acaba conduzindo-o a perseverar em seus objetivos e, consequentemente, aumenta o seu poder de execução e realização.

Os maiores índices de desenvolvimento humano não são decorrentes de crescimentos rápidos e intensos, mas sim daqueles que são equilibrados e, acima de tudo, sustentáveis. Esta é uma grande característica do profissional "tinta": a busca pela sustentabilidade e geração de ações que tenham impacto duradouro.

A capacidade de realização de um indivíduo é proporcional a sua capacidade de assimilar e fixar metas que foram definidas com base em critérios sólidos. Nesse âmbito, o profissional Tinta possui uma boa referência, pois procura fixar bem os conhecimentos aprendidos e as diretrizes definidas.

No âmbito da gestão do desenvolvimento, ao assumir cargos de liderança, este profissional apresenta as seguintes características:

- Busca pelo desenvolvimento contínuo da equipe;
- Desenvolvimento baseado em critérios sustentáveis;
- Capacitação técnica constante da equipe;
- Metas globais que promovem alto grau de engajamento da equipe;
- Pessoas capacitadas para as funções que exercem;
- Plano de carreira estruturado para curto, médio e longo prazo;
- Plano de investimento para desenvolvimento pessoal;
- Clara comunicação da empresa, desenvolvida pelo líder;
- Líder constrói seguidores e não apenas liderados.

Para os demais cargos, no âmbito da gestão do desenvolvimento, o profissional Tinta é caracterizado por:

- Evolução constante no âmbito hierárquico;
- Evolução constante no âmbito técnico;
- Evolução constante no âmbito comportamental;
- Carreira bem definida;
- Estrutura de crescimento da carreira bem delimitada;
- Busca por cursos, graduação, especialização, entre outros;
- Missão de vida bem definida e desenvolvida;
- Profissional bem posicionado perante o mercado.

Aplicabilidade

É importante entender com que tipo de profissional se está lidando, sem qualquer tipo de julgamento ou questionamento. A grande verdade é que existe, em todas as empresas, profissionais Cal e profissionais Tinta, misturados nos diversos setores e nos diferentes níveis de hierarquia.

O grande segredo não é ter um profissional ou outro na equipe, mas saber lidar com estes diferentes perfis. É preciso também ter consciência da necessidade de se tentar transformar o profissional Cal em Tinta, já que este segundo modelo se adapta melhor às necessidades atuais do mercado de trabalho.

É necessário entender que o profissional Cal é mais apegado a tarefas de curto prazo e que não exijam tanto esforço e profundidade. Embora seja limitado, ele apresenta um custo bem razoável e, mesmo não sendo o mais procurado e cobiçado do mercado, acaba tendo sua parcela de contribuição na empresa. Já o profissional Tinta busca incessantemente criar uma base sólida, definir padrões e segui-los. Tem alto poder de inteligência emocional e resiste bem a trabalhar sob pressão, conseguindo manter-se estável nas mais diversas crises e dificuldades passageiras.

Conclusão

Transformar pessoas comuns em indivíduos com elevado grau de perfomance é o objetivo central de todo líder (ou deveria ser). Para isso, é vital investir tempo e recursos na mutação de profissional cal para profissional tinta. Sempre que um profissional Tinta se desenvolve em uma organização, os resultados são bastante satisfatórios e sustentáveis ao longo do tempo.

A identificação correta do tipo de profissional é fundamental para que se possa melhorar o nível de relacionamento interpessoal e apurar a capacidade de feedback e avaliação de desempenho, tornando o indivíduo mais assertivo e propenso a contribuir de maneira efetiva para o processo de mudança e desenvolvimento.

Em linhas gerais, este livro serve como um definidor importante de perfis de profissionais e, acima de tudo, pretende auxiliar àqueles que desejam melhorar o nível de performance individual, a partir da percepção apurada de um conjunto de atitudes e ações vislumbradas ao longo do tempo.

Conheça outros livros de autores Nacionais

Todas as imagens são meramente ilustrativas

ALTA BOOKS EDITORA

- Idiomas
- Culinária
- Informática
- Negócios
- Guias de Viagem
- Interesse Geral

Visite também nosso site para conhecer lançamentos e futuras publicações!

www.altabooks.com.br

/altabooks
/alta_books

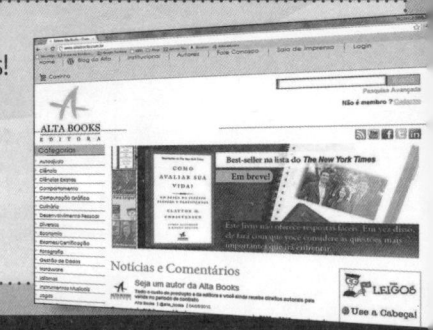

Seja autor da Alta Books

Todo o custo de produção fica por conta da editora e você ainda recebe direitos autorais pela venda no período de contrato.*

Envie a sua proposta para autoria@altabooks.com.br ou encaminhe o seu texto** para:
Rua Viúva Cláudio 291 - CEP: 20970-031 Rio de Janeiro

*Caso o projeto seja aprovado pelo Conselho Editorial.

**Qualquer material encaminhado à editora não será devolvido.